LE TAROT DE MARSEILLE

Ce livre ne peut être vendu séparément du coffret

Nous remercions l'éditeur France Cartes - BP 49 - 54130 Saint-Max
pour l'autorisation de reproduction du Tarot de Marseille de Grimaud.

ISBN du coffret : 978-2-73391-495-3

Graphisme de la couverture : Maxime Copija
Maquette : Marine Brossard
Imprimé en Chine par Toppan

Groupe Piktos
355 rue de la Montagne Noire
31750 Escalquens
Tél. : 05 61 00 09 86
www.grancher.com
grancher@piktos.fr

Colette Silvestre

LE TAROT DE MARSEILLE

Grancher
Éditions

SOMMAIRE

CHAPITRE 1

À LA DÉCOUVERTE DU TAROT DE MARSEILLE

CHAPITRE 2

LE LANGAGE DES 22 ARCANES MAJEURS

CHAPITRE 3

SYMBOLIQUE ET INTERPRÉTATION DES ARCANES MINEURS

Les vingt-deux arcanes majeurs, cartes symboliques et allégoriques, décrivent et recréent les forces matérielles et spirituelles immuables dans l'éternité mais changeant à chaque instant, qui affectent l'humanité.

S.R. Kaplan

Avant tout le tarot est un guide destiné aux hommes et aux femmes en quête d'illumination spirituelle, décidés à consacrer le temps et la patience nécessaires à la découverte d'un sens profond de la vie.

CHAPITRE 3

LES DIFFÉRENTES MÉTHODES DE TIRAGE

Chapitre 1

À la découverte du Tarot de Marseille

PRÉSENTATION DU TAROT DE MARSEILLE

Le tarot est un ensemble de 78 cartes réparties en 22 arcanes dits « majeurs » et 56 arcanes dits « mineurs ». Le mot arcane – du latin *arcanum* – c'est-à-dire « secret », « mystère », nous conduit, avec le mot tarot dérivé de *rota, tora, taro*… qui signifie « la route », « le chemin », sur la voie de la révélation. D'où vient-il ?

L'évolution de son symbolisme au cours des siècles apparaît comme une mystérieuse histoire et les véritables origines des arcanes restent très obscures.

Si les cartes font leur apparition au XIVe siècle, on ne peut négliger le fait que l'on retrouve dans la symbolique des tarots une analogie certaine avec (entre autres) le « livre de Thot de l'ancienne Égypte »…

Est-il vraiment nécessaire de chercher encore et encore ?

Si le mystère reste entier sur son origine lointaine, il apparaît clairement que le tarot a un extraordinaire pouvoir divinatoire psychologique et spirituel.

Son influence vibratoire est étonnante et, tel un traité de psychologie en images, il permet de communiquer, de prévenir, d'apporter des solutions, d'apprendre à mieux se connaître et à mieux comprendre les autres.

Ce messager n'a pas le pouvoir d'influencer les événements ; il est seulement destiné à prévenir le consultant. Celui-ci, instruit des influences qui l'entourent pourra, en toute connaissance de cause, et avec son « libre arbitre » décider de son avenir.

Ce passionnant « livre de sagesse et de connaissance » ouvre la porte d'un chemin initiatique qui passe par différentes étapes, pour conduire à la richesse profonde de l'âme et de l'esprit.

HISTORIQUE DU TAROT DE MARSEILLE

Le tarot de Marseille fit son apparition en France vers la fin du XVe ou le début du XVIe siècle, prenant ainsi la relève des somptueux jeux

spécialement peints à la main par de grands artistes qui les dédiaient à des familles telles les Visconti ou les Sforza. Quelque peu transformé, tout en conservant ses qualités intrinsèques, le tarot de Marseille a acquis grâce à B.P. Grimaud un aspect plus maniable et plus solide. Ses coins se sont arrondis et ses couleurs avivées, marquant ainsi nettement une prédominance du bleu et du rouge.
Le tarot de Marseille influença le style de nombreux jeux qui virent le jour à la fin du XVIIIe et au début du XIXe siècle, qui marquera l'essor du tarot, cette époque où l'on se passionnait pour le domaine de l'occulte. En 1930, Paul Marteau, grand maître cartier de France, traduisit avec une profonde exactitude le symbolisme du tarot de Marseille et établit ses couleurs dans leur tonalité définitive, les perpétuant ainsi jusqu'à ce jour.

LA LECTURE DU TAROT

> *La lecture du tarot conduit à une meilleure connaissance de soi. Cet outil est le produit d'une culture « révolutionnaire » qui concevait les notions du temps et d'espace non pas comme des entraves mais comme des jalons sur le chemin de la recherche intérieure des possibilités de l'homme.*
>
> Alessandro Bellenghi,
> *Le Livre de la cartomancie,* Ed. Solar

Pour bien interpréter le tarot, il n'est pas nécessaire d'avoir un don. L'intuition qui existe en chacun de vous ne demande qu'à servir. Apprenez à être à son écoute.

De nombreuses superstitions entourent le tarot : chacun est libre d'y attacher l'importance qu'il voudra. Il est, toutefois, indispensable de respecter quelques règles de base :

✦ L'interprétation doit se faire dans une atmosphère calme, dans un climat de respect du rituel. Tenu par le secret professionnel, l'interprète n'acceptera aucun témoin en séance de travail.

✦ Aucune lame ne doit être retirée d'un jeu, et toute lame tirée doit être laissée à sa place.

✦ Le vocabulaire doit être apaisant, rassurant. Prédire l'avenir n'est pas une tâche facile et le tarologue doit savoir faire preuve d'humanité, prendre le temps d'écouter et de comprendre ceux qui le consultent.

✦ Savoir rester impartial et ne jamais projeter ses propres préoccupations.

✦ Un jeu de tarot est un objet personnel : il ne doit pas être prêté.

✦ Une lumière tamisée et une bougie allumée sont recommandées.

Comme tout procédé divinatoire sérieux, le tarot constitue une invitation à l'action et à une prise de responsabilité. Il ne doit pas, par conséquent, être pris pour un jeu ou un passe-temps. On doit aux cartes le même respect que l'on éprouve pour des objets chargés de tradition.
Nul ne peut se permettre de s'en servir avec légèreté.

COMMENT TIRER LE TAROT ?

Le tarot est un ensemble de figures qui expriment symboliquement le travail de l'homme pour réaliser son évolution, c'est-à-dire pour parvenir aux fins inscrites dans sa destinée, évolution qui lui demandera des luttes, des efforts, des joies et des souffrances…
Paul Marteau, *Le Tarot de Marseille*

On sépare tout d'abord les 22 arcanes majeurs des 56 arcanes mineurs. En relation avec la tradition, les nombres, l'astrologie, la kabbale, les couleurs, les 22 arcanes majeurs sont faits de symboles riches et nombreux, clés de l'interprétation générale du Tarot. Ces lames seront utilisées en priorité pour tous tirages divinatoires.
Les arcanes mineurs viendront ensuite affiner ou confirmer, grâce au détail, les éléments d'interprétation donnés.
Revenons aux 22 lames majeures : elles seront battues puis coupées de la main gauche. La « coupe » doit être regardée car elle donne une première influence. Ensuite, le consultant tire, toujours de la main gauche, le nombre de lames qui lui est demandé. L'interprète les place devant lui et ne commence à les retourner que lorsque le nombre de cartes est placé. Si, dans le jeu, une carte est renversée, elle sera immédiatement remise à l'endroit. Comme la lecture d'un livre, le tarot se lit… à l'endroit.
Après l'interprétation du tirage, le consultant peut recouvrir les arcanes majeurs par des arcanes mineurs ; le processus reste le même : battre, couper, tirer de la main gauche le nombre de cartes demandé.
On peut tirer le tarot pour soi-même et pour les autres. Très rapidement, on constate qu'il est plus facile de tirer pour les autres que pour soi : le manque d'objectivité prend le dessus et bien souvent, on « voit » ce que

l'on a « envie de voir ». S'il est préférable que le consultant soit présent lors d'un tirage, il n'est pas impossible pourtant de « tirer » en son absence. Dans ce cas, l'interprète visualise la personne concernée et tire à sa place en se concentrant fortement.

Les délais à respecter pour les tirages sont variables. Par exemple, la « Roue astrologique » (voir page 205) demande une attente minimum de 8 à 12 mois avant de refaire un tirage. La « Ligne » (voir page 202) correspond à 10-15 jours, voire un mois tandis que la « Croix celtique » (voir page 197) peut aller de quelques semaines à 8 ou 9 mois. Quant aux questions, on peut bien sûr en poser chaque jour à condition de ne pas revenir plusieurs fois sur la même question lorsque la réponse n'est pas satisfaisante. Généralement, on tire la « Croix » pour des événements à court terme et le « Fer à cheval » pour des événements à moyen ou plus long terme.

Tous ceux qui manipulent les tarots doivent être conscients qu'ils possèdent entre les mains un pouvoir fabuleux, riche et révélateur.

Laissez aller votre intuition au travers de ce miroir sacré qui deviendra rapidement votre meilleur ami.

Rappelez-vous enfin qu'avec le temps, la patience, la persévérance et l'amour de son prochain… tout devient possible.

« Aime ton prochain comme toi-même » : s'aimer est l'ultime condition pour comprendre et aimer son prochain…

Chapitre 2

Le langage des 22 arcanes majeurs

COMMENT DÉCOUVRIR LE TAROT ?

Abordons maintenant en détail les 22 arcanes majeurs du tarot de Marseille… Quoique l'image se suffise à elle-même pour en donner une interprétation, il est nécessaire de s'imprégner du symbolisme de chaque lame qui est constitué de nombres exprimant des idées, de forces dominantes ayant chacune sa signification, ainsi que d'influences planétaires marquant une spécificité sur l'ensemble des 22 lames. Les couleurs et le détail des figures composent l'ensemble du message délivré par le tarot de Marseille.
Les couleurs dominantes sont le bleu et le rouge :

✦ couleur de la spiritualité, le bleu conduit à la sérénité psychique. Pour les Étrusques et les Celtes elle aidait au passage dans l'au-delà et dans l'invisible tandis que pour les Égyptiens, le bleu était considéré comme la couleur de la vérité.

✦ le rouge, couleur fondamentale très utilisée dans les traditions, est associé à la vie terrestre. La lumière, l'éclat, la brillance et la chaleur sont ses apanages. Le rouge peut également appartenir au guerrier, au roi et parfois au prêtre (le cardinal, appelé le Prince de l'Église). Revêtant une double signification de pouvoir et de vie sur le plan terrestre, le rouge complète donc parfaitement le bleu, symbole de l'au-delà et de l'état céleste.

Les autres couleurs importantes, mais plus secondaires du tarot de Marseille sont :

✦ le jaune, couleur du soleil et de l'or qui est le symbole de la manifestation objective, de l'intuition mais aussi de la fixité.

✦ le vert, couleur des végétaux des lacs et des mers, favorise la guérison, la création, la vitalité et l'espérance.

✦ le noir, synonyme de mort dans notre civilisation, de fatalité et de désespoir peut également amener la délivrance, le point de départ et la renaissance…

✦ le blanc auquel on attribue la pureté, l'innocence et la candeur, est la synthèse du spectre solaire par combinaison positive. Il est également le symbole de la lumière, de la neige et de la transfiguration…

1 LE BATELEUR

DESCRIPTION

Le premier arcane présente un jeune homme blond, l'œil vif et pétillant, coiffé d'un chapeau aux larges bords en forme de 8. Il tient dans sa main gauche une baguette et dans sa main droite, un denier en or. Un gobelet, un poignard, des deniers, des dés, le tout sorti d'un sac, sont posés sur une table à trois pieds.

SYMBOLIQUE

Le nombre un représente un principe. Il marque un début, une cause première. L'influence de Mercure donne à ce jeune homme de la rapidité, de la souplesse et de l'ingéniosité.
Avec la première lame du tarot, ce jeune homme dynamique et plein d'ardeur nous invite à le suivre et nous ouvre le chemin de la voie initiatique. Il dispose pour cela des quatre éléments qui lui permettent de mener à bien son action et de tirer parti de tout ce qui se présente :

✦ La baguette (élément Feu), symbole de guide et de commandement, lui confère le pouvoir de diriger, de commander, voire même de transformer.

✦ Les deniers (élément Terre), symboles des acquisitions ou de la matérialité sont en or et, de ce fait, échappent à la corruption.

✦ Le gobelet (élément Eau), synonyme de féminité ou de fécondité, détermine le sentiment et l émotivité.

✦ Le poignard (élément Air) nous rappelle l'épée destinée à trancher, affirmant l'intellectualité et donnant la possibilité de se libérer.

Le dynamisme et la fougue du Bateleur sont exprimés par sa position debout. Parfaitement stable et équilibré, sur ses pieds en équerre, il s'apprête à agir avec l'intelligence créatrice déterminée par son chapeau en forme de huit couché, symbole de l'infini…
Un peu magicien, le Bateleur pourra à tout instant utiliser les dés qui le guideront sur la voie de la chance et du hasard.

PERSONNALITÉ

L'intelligence rapide et dynamique soutient la volonté qui permettra de procéder à de nouvelles actions.

Le Bateleur annonce l'originalité, la créativité, la dextérité, l'initiative, l'habileté avec un risque de dispersion et d'agitation.

SENTIMENTS

Cette lame est indice de nouvelles rencontres et d'opportunités chanceuses sur le plan affectif. La vie sentimentale annonce un mouvement ascendant, une joie de vivre ainsi qu'un nouvel élan enthousiaste dans les relations existantes. Des modifications favorables

s'annoncent dans le cadre familial et les rapports avec l'entourage sont améliorés.
Le domaine du cœur est facilité avec ce jeune homme qui apporte gaîté, sourire et renouveau dans les sentiments.

PROFESSIONNEL

L'initiative, la volonté, le pouvoir de tirer parti de tout ce qui se présente donne une puissance d'action sur les événements facilitant ainsi toutes les entreprises professionnelles et sociales. Une promotion et des responsabilités plus importantes sont prévisibles à court terme.
Dans le cas de recherche d'activité, des opportunités se présenteront et des propositions seront faites entraînant un démarrage probable et rapide.

MATÉRIEL

Une légère progression dans la vie financière est à prévoir. Satisfactions et petits accroissements interviennent rapidement. De nouvelles acquisitions permettront de se sortir d'éventuels embarras pécuniaires.
La confiance en soi accélère les possibilités d'amélioration d'un bien-être matériel.

SANTÉ

Malgré une bonne vitalité, en cas de stress, des maux de tête et des migraines sont à craindre.

SPIRITUEL

La curiosité s'éveille aux démarches spirituelles. La réflexion pousse à un nouvel essor et une prise de conscience d'une connaissance ésotérique.

DIVERS

Les déplacements, les études et les projets de voyages ou de changement de lieu de vie sont favorisés.

SYNTHÈSE

Le Bateleur donne la possibilité de se réaliser. Tous les éléments lui sont donnés pour parvenir à la concrétisation des projets.

2 LA PAPESSE

DESCRIPTION

Une jeune femme est assise, dans une immobilité calme et silencieuse, couverte de voiles, une tiare à deux couronnes sur la tête et un livre ouvert entre les mains.

SYMBOLIQUE

Le nombre deux est symbole d'opposition et de réflexion. L'unité recherche son complément ou son opposition.
Les influences de Saturne et de la Lune favorisent d'une part la structure, la patience, la sagesse et d'autre part l'intuition, la sensibilité et la féminité.
Couverte de voiles, la Papesse au visage impassible reflète le calme et la sérénité absolus : elle exprime les secrets, les mystères, les choses cachées. Sur sa tête, la tiare en or à deux couronnes lui confère la souveraineté et le pouvoir, tant sur le plan matériel que spirituel. Les incrustations de pierres précieuses sur cette tiare sont destinées à éclairer les ténèbres pour parvenir à la perfection.

Le livre qu'elle tient entre les mains est avant tout le symbole de l'Univers. Fermé, il conserve et cache sa matière ; ouvert, il offre son contenu et ses secrets à l'initié pour le conduire vers la sagesse divine. La Papesse n'a nullement besoin de lire le contenu de ce livre car elle possède, en elle-même, la connaissance de toutes les richesses mystérieuses.
Que ses yeux soient cachés ou non, la Papesse conserve une attitude froide et impénétrable. Derrière elle, les voiles dissimulent tout ce qui se trouve au-delà des apparences.
Gardienne du Temple de Salomon ou de l'initiation, la Papesse intuitive permettra à l'initié qui saura s'en montrer digne de soulever les voiles pour, qu'à son tour, la connaissance lui soit communiquée.

PERSONNALITÉ

La discrétion et la concentration aident dans la recherche de la Sagesse profonde. La Papesse annonce la réserve, l'intuition, la sérénité, l'attente, la patience.

SENTIMENTS

Cette lame indique un manque d'ouverture et de communication dans les échanges affectifs. La vie amoureuse semble être « dans l'invisible » et toute évolution épanouissante semble compromise pour les célibataires. Dans le cadre de leur foyer les couples connaissent le calme, la paix et une parfaite sérénité. À noter que les sentiments portés à l'entourage, bien que peu ou pas exprimés, sont profonds et sincères.

PROFESSIONNEL

De nouvelles structures sont à prévoir car le domaine professionnel semble connaître quelques retards ou contrariétés diverses. Les réponses espérées et attendues en ce qui concerne une concrétisation ou évolution sont en gestation. Malgré une bonne objectivité et une excellente analyse des situations, l'inaction est évidente. Une réussite peut intervenir tardivement grâce à la sagesse et la réflexion qui permettent des changements fructueux.

MATÉRIEL

La prudence permet de maintenir l'équilibre dans les finances. L'accroissement est possible car la gestion est tout à la fois sévère et sérieuse. On peut s'attendre, quelquefois, à des alternatives un peu difficiles toujours très vite surmontées par un sérieux dans les efforts de redressement.

SPIRITUEL

La grande richesse intérieure offre de remarquables potentialités de méditation, de réflexion, de connaissance et l'amour universel.

SANTÉ

Il convient d'être prudent en ce qui concerne les problèmes circulatoires liés au système génito-urinaire.

DIVERS

Les grossesses ou les naissances sont confirmées ou annoncées.

SYNTHÈSE

La Papesse ouvre la voie de la méditation, de la sagesse et de la foi. La domination intérieure et la patience lui permettent de résoudre les problèmes.

3 L'IMPÉRATRICE

DESCRIPTION

Cette femme couronnée, au visage avenant, tient dans sa main gauche un sceptre surmonté d'un globe et d'une croix. Dans l'autre main, elle présente un blason sur lequel se découpe un aigle.

SYMBOLIQUE

Le trois, nombre de la communication, domine la dualité. Il mène à une nouvelle intégration et à une plus grande ouverture.
L'influence de Vénus, planète de chance et d'amour, apporte charme, douceur et sympathie. Le mouvement, le savoir-faire et l'intelligence sont marqués par l'influence mercurienne. Cette jeune femme intelligente est le symbole de la sagesse qui conçoit.
Sur sa tête, la couronne d'or confirme son pouvoir mental et sa dignité.
Puissant symbole du pouvoir et du commandement, elle tient dans sa main gauche le sceptre destiné à faire régner l'ordre. L'Impératrice est pleinement consciente de l'étendue de ses possibilités : elle détient le « Pouvoir » mais n'en abuse pas. Ce sceptre se termine d'ailleurs par la croix, image de la spiritualité.

L'intelligence est exprimée par le blason qui amène sa protection bienfaisante. Tel un pentacle, il est la représentation de la Tradition. Oiseau souverain, céleste et solaire à la fois, l'aigle allie la puissance et la force. La légende affirme qu'il est le seul à pouvoir regarder le soleil en face sans ciller.
L'Impératrice est assise sur un siège dont les montants font penser à des ailes, en signe d'élévation et d'envol vers l'Infini. Tandis que la Papesse est cachée dans son mystère, la souveraine Impératrice apporte au contraire, la lumière, la puissance contre les hésitations. Elle dissipe avec intelligence les ténèbres du doute.

PERSONNALITÉ

La lucidité et le discernement permettent l'action et la création. L'Impératrice annonce l'élévation, l'intelligence, l'épanouissement, l'efficacité, l'intuition, la fertilité.

SENTIMENTS

Cette lame est indice de bonheur et de joie. Les nouvelles rencontres et tous les échanges sont harmonieux et agréables. Une excellente ouverture de communication permet une évolution sentimentale heureuse et épanouissante. En amour comme en amitié, cette souveraine annonce sincérité, rapprochement et rayonnement. Les attentes amoureuses sont remplies de promesses bénéfiques et les liens existants évoluent dans la bonne humeur et la joie de vivre.

PROFESSIONNEL

Un succès et une élévation sont à prévoir. Les connaissances intellectuelles, la vivacité d'esprit favorisent les activités dites de « communication » et l'influence vénusienne ouvre les voies de la créativité ou en relation avec l'art et l'esthétique. La concrétisation des projets est facile car les négociations sont aisées et les affaires rapides à conclure.

MATÉRIEL

Bien que le domaine financier soit plutôt protégé il y a un risque d'incitation à la dépense dont il s'agit de se méfier. Ces légèretés sont souvent liées au désir de plaire ou séduire mais également de faire plaisir à son entourage.

SANTÉ

Il ne faut pas abuser de ses forces physiques et intellectuelles car le surmenage et la fatigue nerveuse se laissent entrevoir.

SPIRITUEL

L'intuition mène à la conscience, permet une ouverture sur l'énergie cosmique et vers un chemin de paix intérieure.

DIVERS

Cette lame médiatrice annonce les nouvelles, les écrits, les déplacements, la réussite aux examens.

SYNTHÈSE

L'Impératrice apporte des solutions efficaces aux problèmes de tous ordres. Ses idées riches et fécondes aident à leur progression et à leur réussite recherchées.

4 L'EMPEREUR

DESCRIPTION

Un homme barbu, solidement casqué, tient dans sa main droite un sceptre surmonté d'un globe et d'une croix. Le siège sur lequel il a pris place est orné d'un aigle aux ailes déployées.

SYMBOLIQUE

Symbolisé par le carré ou la croix, le quatre renferme toute la création. Nombre de réalisation, il assure la stabilité et la domination.
L'influence de Jupiter, planète d'expansion et de chance, apporte la prospérité, l'aboutissement de toutes les espérances.
L'autorité et l'assurance conduisent au succès.
Sûr de son impact, l'Empereur aux traits énergiques et à la barbe blanche incarne l'autorité toute-puissante.
Son casque lui assure la protection : on remarque en effet que la nuque, point particulièrement sensible et vulnérable, est entièrement à l'abri.

Bien déterminé, avec énergie, il tient de sa main droite le sceptre de la souveraineté. Surmonté d'un globe terrestre, insigne universel, et d'une croix, synonyme de spiritualité, ce sceptre donne à l'Empereur un pouvoir de domination sur le monde. Le collier d'or qu'il porte autour du cou conjugue la force et l'union.
L'Empereur est assis et ses jambes mises en évidence représentent la réalisation par l'action. Le pied droit légèrement levé indique une prise de décision imminente. Sur son siège se découpe l'aigle majestueux, aux ailes déployées qui semble prêt à s'envoler pour la concrétisation d'un but.
Remarquons que l'Empereur et l'Impératrice ont les mêmes attributs : le sceptre, le globe, la croix, l'aigle… le visage tourné vers elle, il attend son message : elle est l'action, il est la réalisation.

PERSONNALITÉ

L'autorité et la volonté conduisent à la concrétisation des projets.
L'Empereur annonce la réalisation, la stabilité, l'énergie, la compétence, la domination.

SENTIMENTS

Cette lame est indice de liens solides et stables. Un équilibre sécurisant est ressenti dans les relations de couple et la tranquillité est maintenue dans le cadre du foyer. La valeur des sentiments est fondée sur le respect et une confiance mutuelle. Mais l'Empereur peut passer de la protection la plus rassurante à l'autorité dominatrice ou la tyrannie la plus pénible.

PROFESSIONNEL

Les fonctions de pouvoir et de commandement sont fortement marquées.
Les réalisations et avancements sont évidents grâce à une compétence,

une maîtrise et une force de caractère sans faille. Dans tous les cas, les ambitions sont satisfaites, l'expansion enrichissante est bénéfique, les projets présentent un avenir construit sur des fondations sérieuses, stables et sécurisantes.

MATÉRIEL

Des transactions positives stabilisent toutes les spéculations en les faisant fructifier. Les situations financières sont affermies, rassurantes et parfaitement bien gérées. La sécurité matérielle s'impose de façon efficace et tranquillisante pour l'avenir. Les investissements dans l'immobilier sont vivement conseillés.

SANTÉ

Nous trouvons ici des menaces de tension artérielle et des risques d'embonpoint.

SPIRITUEL

La matérialité du nombre quatre et l'esprit indomptable du personnage n'incitent pas à une ouverture sur une voie spirituelle très facile…

DIVERS

Cette lame sera un soutien efficace dans les carrières des hauts fonctionnaires, la politique, l'armée, les ambassades.

SYNTHÈSE

L'Empereur concrétise la réalisation en passant par l'action de l'Impératrice.

5 LE PAPE

DESCRIPTION

Un homme à barbe blanche, portant sur la tête une tiare pontificale à trois étages. De la main droite il donne sa bénédiction et tient, de la main gauche, une croix à trois traverses. À ses pieds, deux moines tonsurés sont agenouillés.

SYMBOLIQUE

Image de l'équilibre, le nombre cinq, médiateur, amène la connaissance…
L'influence conjuguée de Vénus et de Saturne amène d'une part, la bonté, la douceur et l'harmonie et, d'autre part, intensifie un besoin de vie intérieure, de logique et de raisonnement.
Le Pape donne sa bénédiction, indiquant la voie de l'humanité et du salut. Sa barbe blanche, image de longues années d'expérience, confirme sa compétence, sa sagesse et sa dignité.
Avec l'imposante tiare en or, se reflète la suprême autorité du Pontife. Constituée de trois étages, elle donne pouvoir sur les trois mondes : le mental, l'animique et le

physique. Les incrustations de pierres précieuses (comme celles de la Papesse) éclairent les ténèbres pour conduire à la perfection.
De sa main gantée, symbole de pureté rituelle, le Pape tient le sceptre à triple croix rappelant la haute spiritualité agissant sur l'esprit, l'âme et le corps. Les deux fidèles agenouillés sont dans l'attente confiante du message du Pontife. Ils symbolisent le dualisme des forces qui sont en l'homme : à la fois l'acceptation passive et la réception active.
Le Pape fait rayonner le feu spirituel qui conduit vers l'Amour Divin.

PERSONNALITÉ

La bienveillance et la générosité accordent une protection psychique et spirituelle. Le Pape annonce de bons conseils, la bonté, l'indulgence, la sagesse, la spiritualité.

SENTIMENTS

Cette lame est indice d'entente, de bienveillance et d'indulgence. Les relations amicales et sentimentales sont empreintes de calme, de paix, de compréhension et de fidélité. La sincérité des sentiments échangés et partagés est rassurante et les promesses d'un avenir serein sont tenues. Le Pape réconcilie dans les cas de brouilles et légalise les unions.

PROFESSIONNEL

Les activités en relation avec l'enseignement ou les professions libérales (notaire, avocat, médecin) sont particulièrement favorisées. Pour toutes autres activités, la protection et la conciliation sont accordées pour favoriser stabilité et sécurité. Les projets sont étudiés avec justesse, analyse et réflexion et facilitent les signatures d'engagement.

MATÉRIEL

Peu adaptée au plan matériel, cette lame est l'image de la générosité et de la prévoyance. Elle accorde un bon équilibre dans les finances car la protection est évidente. Les éventuelles difficultés sont maîtrisées grâce à une patience confiante.

SANTÉ

Le Pape peut symboliser le médecin ou le thérapeute qui apporte les remèdes nécessaires pour favoriser une amélioration de la santé, une solution aux malaises ou problèmes de santé.

SPIRITUEL

La foi et l'indulgence débouchent sur une vocation sincère et sur de vastes possibilités spirituelles.

DIVERS

Le fluide positif du Grand Prêtre est suffisamment puissant pour neutraliser les aspects négatifs d'un jeu.

SYNTHÈSE

Le Pape indique avant tout une grande protection. Conciliation, harmonie, respectabilité sont ressenties.

6 L'AMOUREUX

DESCRIPTION

Un jeune homme immobile est sollicité par deux femmes totalement opposées. Au-dessus de sa tête, Cupidon aux ailes bleues s'apprête à décocher une flèche.

SYMBOLIQUE

Le six, surnommé le nombre du péché ou de la fatalité, représente un conflit existant entre le bien et le mal. L'influence vénusienne confirme le sentiment et la douceur tout autant que le dévouement et la sympathie.

Incertain de la voie à suivre, hésitant devant une décision à prendre, l'Amoureux subit l'épreuve difficile du choix.

À sa gauche, une jeune femme au visage serein, les cheveux défaits, n'exerce aucune pression sur sa décision. Sa blondeur accentue sa spiritualité. Son chemin conduit vers la sagesse et la foi. Elle symbolise la vertu qui guide son amour réel, non entaché par la possessivité.

À sa droite, une deuxième femme, plus persuasive, pose fermement sa main sur son épaule. Son chemin est celui des plaisirs immédiatement

assouvis ; leur brièveté en accentue le côté dérisoire. Elle incarne le vice tentateur et la facilité…
Au-dessus de leur tête, Cupidon s'apprête à faire partir la flèche, principe d'action et de mouvement… Elle poussera l'Initié dans la voie choisie, rendant plus difficile les retours en arrière. Le rayonnement de l'amour qui agit sur tous les plans émane des longs rayons bleus, rouges et jaunes. Les ailes bleues de l'ange confirment le désir d'envol vers la spiritualité.
La facilité ou les efforts ? L'Amoureux a son libre arbitre et il doit, seul, faire face aux choix qui s'imposent à lui.

PERSONNALITÉ

L'hésitation et l'incertitude freinent les élans et les décisions à prendre. L'Amoureux annonce la faiblesse, l'épreuve, le choix, le libre arbitre, l'inconstance.

SENTIMENTS

Cette lame est indice d'une crise sentimentale et d'une sérieuse remise en question de la vie amoureuse. Une double proposition peut mettre dans l'embarras et provoquer un conflit intérieur. Les émotions intérieures posent des problèmes et les doutes s'amplifient. Des incertitudes ou des aspects trop superficiels déçoivent et provoquent des malentendus. Les amitiés comme les amours seront contrariés.

PROFESSIONNEL

La pleine liberté d'action n'est pas obtenue dans les activités. L'inconstance et le manque de confiance en soi mettent dans une position de faiblesse et rendent tributaire de la hiérarchie. Quelques risques de désaccords entravent le déroulement des affaires en cours et ne facilitent pas une heureuse évolution professionnelle.

MATÉRIEL

L'équilibre matériel est difficile à maintenir car les finances sont soumises à toutes sortes de tracasseries dues probablement à un manque de sérieux dans la gestion du budget. Dans certains cas, des rentrées peuvent provenir de deux sources différentes.

SANTÉ

Un état anémique, une lassitude générale ou des troubles circulatoires sont à craindre.

SPIRITUEL

Se détacher du matériel et de la facilité pour aller vers la foi et l'idéal peut se faire avec le temps et le dévouement.

DIVERS

Les lames environnantes permettent de faire connaître les issues qui interviennent dans les possibilités qui s'offrent au consultant.

SYNTHÈSE

L'Amoureux nous met face à une épreuve. Il indique toujours un choix, mais le libre arbitre reste la loi de chacun.

7 LE CHARIOT

DESCRIPTION

Un jeune homme triomphant est sur un char surmonté d'un baldaquin et tiré par deux chevaux. Coiffé d'une couronne d'or, il tient dans sa main droite le sceptre du commandement.

SYMBOLIQUE

Chiffre des Dieux, nombre sacré et de perfection, le nombre sept marque une transformation positive.
L'influence martienne donne une grande énergie et une puissance fougueuse. Ardeur et agressivité, passion et violence se confondent.
Serein et confiant, Maître de sa Destinée, le « Guerrier » part à la conquête de son idéal avec exaltation.
Avant de partir combattre, il s'est cuirassé, donc paré pour être à l'abri des chocs et des épreuves. Les épaulettes qui ornent sa cuirasse apportent à la fois la connaissance, l'expérience et la lucidité face au destin.
Il porte sur sa tête la couronne d'or du Pouvoir et du Vouloir ; dans sa main droite, il tient le sceptre de la domination : ces

deux symboles d'autorité lui donnent toute l'énergie nécessaire pour lutter et vaincre les obstacles.

Le chariot, véhicule en mouvement, avance… L'homme est entraîné vers une activité incessante symbolisée par les roues, ou cycles de la vie, qui tournent à l'infini.

Les colonnes rouges et bleues qui soutiennent le baldaquin représentent les potentialités positives et négatives, laissant au guerrier son « libre arbitre ». Les deux chevaux unissent leurs forces pour tirer le chariot et conduire ainsi leur maître à la victoire.

Le jeune homme passionné et sûr de lui avance pour parcourir le monde, pour combattre, vaincre et triompher de la vie.

PERSONNALITÉ

La fougue, le courage et l'énergie conduisent au succès et à la victoire. Le Chariot annonce le triomphe, la lutte, la force, la puissance, la persévérance.

SENTIMENTS

Cette lame est indice d'une rencontre possible au cours d'un voyage ou d'un déplacement. Les émotions intérieures sont maîtrisées et les échanges affectifs sont marqués d'élans enthousiastes, voire dans certains cas de fougue et de passion excessive. Les liens existants sont solides mais les relations nouvelles sont quelquefois soumises à des aventures passagères.

PROFESSIONNEL

La volonté, la détermination et l'énergie combative favorisent et facilitent les actions de toutes sortes. La domination et la puissance bien dirigée permettent la réussite dans les carrières de pouvoir et de commandement. Comme l'Empereur, le Chariot annonce une force de caractère sans faille satisfaisant ainsi toutes les ambitions.

MATÉRIEL

Grâce à une excellente gestion, l'assurance d'un succès financier est confirmée.
D'heureuses possibilités de gains s'annoncent et les placements apportent des rentrées très substantielles.
En cas d'inquiétudes ou de soucis, des solutions interviennent pour libérer le consultant.

SANTÉ

Une excellente vitalité donne la victoire sur les petits malaises. Se méfier toutefois des comportements impulsifs pouvant provoquer des accidents.

SPIRITUEL

Une grande liberté d'action ouvre la voie de l'harmonie. Le feu intérieur transforme les forces négatives pour orienter vers des démarches plus apaisantes.

DIVERS

Les voyages, les études et tous les projets sont favorisés.

SYNTHÈSE

Synonyme de victoire, le Chariot conduit sur le chemin de la construction active et, les buts souhaités sont facilement atteints.

8 LA JUSTICE

DESCRIPTION

Une femme au visage sévère, coiffée d'un mortier judiciaire, est assise sur un trône aux montants imposants. Elle tient dans la main droite un glaive et dans la main gauche une balance en or.

SYMBOLIQUE

Sans fin ni commencement, le huit est un nombre « cosmique ».
Les influences de Vénus et de Saturne amènent d'une part un besoin de vérité et de justice et, d'autre part, intensifient la logique, le raisonnement et les structures.
La Justice, représentée depuis l'Antiquité sous des traits féminins, nous rappelle Themis, toujours symbolisée avec la balance, l'épée et le bandeau sur les yeux en signe d'impartialité.
La justice Divine de notre tarot est coiffée du mortier judiciaire, surmonté d'une petite couronne d'or. Cet emblème de la souveraineté, indiquant les rigueurs de la loi, est orné du signe solaire qui vient confirmer que les actions s'exécutent en pleine clarté.

Comme l'Empereur, elle porte le collier tressé de la force et de l'union. Dans la main de la raison, elle tient l'épée de la puissance et de la bravoure. Donnant tout pouvoir à la main qui la tient, cette épée pourra s'abattre brutalement pour punir les méchants et protéger les bons. Dans la main gauche, la balance en or nous rappelle que l'incorruptibilité est la base même de toute justice. Synonyme d'équilibre, de prudence et d'ordre, cet instrument sert à la pesée des choses matérialisées mais aussi à celle des actes et des intentions. Installée sur un trône aux montants massifs, la Justice allie la stabilité et la discipline. Implacable, elle donnera sa sentence avec sévérité mais… justice.

PERSONNALITÉ

La rigueur, la discipline et la logique permettent un jugement strict et efficace.
La Justice annonce l'équité, l'impartialité, l'ordre, la sévérité, le sens pratique.

SENTIMENTS

Cette lame est indice d'un bon jugement vis-à-vis de ses relations sentimentales. La droiture et l'honnêteté apportent un bon équilibre dans les échanges affectifs. Elle peut, pourtant quelquefois, marquer un manque de souplesse dans les habitudes ou accentuer une froideur dans un langage amical. La Justice comme le Pape légalise les unions mais elle peut également dans certains cas annoncer des projets de divorce.

PROFESSIONNEL

Les professions ayant un lien avec la loi ou l'administration sont favorisées. Dans les autres activités, la pondération et la discipline aident à trouver un parfait équilibre et une excellente sécurité professionnelle.

Dans les cas de recherche d'emploi, la Justice annonce des possibilités de signature d'accord ou d'engagement.

MATÉRIEL

Une prudence rigoureuse permet de maintenir la stabilité dans les finances. En sachant peser le pour et le contre le consultant élimine tout risque d'épreuves dans le budget. En cas de litiges, la logique et la lucidité aideront à redresser les situations en difficulté.

SANTÉ

Les bronches sont fragilisées et des difficultés respiratoires sont à craindre. Prudence également au niveau des reins.

SPIRITUEL

La justice divine guidée par la raison peut s'ouvrir à l'harmonie cosmique et favoriser une élévation spirituelle.

DIVERS

Tous les faits de justice ou touchant la loi sont représentés : le mariage, le divorce, les contrats, les procès, les héritages.

SYNTHÈSE

La justice stricte et sévère apporte la stabilité à ceux qui la recherchent. L'épée prête à s'abattre va trancher et permettre la libération.

9 L'HERMITE

DESCRIPTION

Un homme barbu, enveloppé d'un grand manteau, avance lentement en s'éclairant d'une lanterne tenue de la main droite. Un bâton, dans la main gauche, guide ses pas.

SYMBOLIQUE

Le nombre neuf possède une valeur rituelle. Dernier de la série des chiffres, il annonce à la fois une fin et un recommencement. L'influence saturnienne, au cheminement lent mais régulier, favorise les recherches intérieures, les structures et le travail en « profondeur ».
L'homme barbu, qui avance lentement sur un sol dont il est certain, personnifie l'expérience acquise dans le travail de la vie. Vêtu d'une robe de moine et enveloppé d'un grand manteau pour marquer son austère simplicité, sa discrétion et son rejet de l'artificiel, il avance prudemment sur le chemin de la connaissance. La lanterne est là pour l'éclairer et l'aider dans la recherche de la sagesse et de la spiritualité. Toutefois, il faut se souvenir que cette quête de l'absolu contient

différentes étapes qu'il s'agit de vivre le plus discrètement possible.
C'est la raison pour laquelle l'Hermite voile légèrement la lanterne à hauteur de son visage. Le bâton permet la communication avec les forces telluriques ; symbole également de sagesse, l'Hermite sait qu'il pourra, si le besoin se fait sentir, prendre appui pour continuer sa route. L'artificiel, le superficiel et le brillant n'existent pas pour cet homme à la recherche de lui-même et de sa valeur intrinsèque. Solitaire, il part à la recherche de la Vérité, sachant que son expérience est encore peu de chose par rapport à ce qu'il ignore.

PERSONNALITÉ

La foi et la patience ouvrent la voie de la connaissance et de la méditation. L'Hermite annonce la sagesse, la prudence, la solitude, la patience, l'abnégation.

SENTIMENTS

Cette lame est indice de solitude et de sentiments intériorisés. La solitude de cœur, l'isolement, et le repli sur soi freinent les élans affectifs et ne favorisent pas de nouvelles rencontres. Pour les liens existants des attachements sont sérieux et profonds mais non manifestés. L'Hermite est aussi la représentation du célibat volontaire ou subi.

PROFESSIONNEL

Les activités sont fortement ralenties et demandent de la patience en évitant tout découragement. Les projets doivent être sérieusement structurés si l'on veut aboutir à de bonnes concrétisations sociales ou une réalisation des ambitions.
Cette lame favorise la recherche scientifique ou médicale et tout ce qui est en relation avec les mathématiques.

MATÉRIEL

De sévères restrictions financières sont à prévoir et l'austérité sera de rigueur. Les rentrées espérées sont retardées et provoquent des embarras pouvant compliquer l'équilibre du budget.

SANTÉ

La fragilité de la colonne vertébrale donne des préoccupations dorsales.

SPIRITUEL

La recherche continuelle de la connaissance et de la sagesse ouvre vers un chemin de lumière spirituelle.

DIVERS

L'enseignement, les études ésotériques, la recherche en solitaire sont favorisés.

SYNTHÈSE

L'Hermite exprime le détachement de toutes les frivolités. L'illumination intérieure et la discrétion confirment une grande puissance intérieure.

10 LA ROUE DE FORTUNE

DESCRIPTION

Deux animaux, accrochés à une roue, semblent la faire tourner. Au-dessus de cette roue, dont les montants reposent sur le sol, un troisième animal ailé et couronné est fermement installé.

SYMBOLIQUE

Le nombre dix, symbole de la création universelle, exprime un retour à l'unité annonçant à la fois un renouvellement et une « totalité ».
Les influences d'Uranus et de Jupiter confirment une évolution dans une autre dimension d'une part et dynamisme, chance, expansion d'autre part.
La roue, image essentielle de cette lame, correspond aux cycles de la vie, aux recommencements, aux exigences toujours nouvelles et plus sages…
La manivelle, symbole de la puissance divine, fait tourner cette roue aux six rayons reflétant l'harmonie.
D'un côté, le génie du bien s'élève vers le ciel et la lumière : il est l'élévation et l'évolution active. Il permet une nouvelle construction à la

fois intérieure et extérieure. Sa présence d'esprit, due à son intelligence, permettra des opportunités constructives. De l'autre côté, le génie du mal plonge vers la terre et les ténèbres. Il est la chute, l'involution. En raison de sa négligence, il est précipité dans le monde de la matière et de la destruction. Couronné d'or, l'animal impassible domine en haut de cette roue. Principe d'équilibre, il a le pouvoir de trancher, car il détient toutes les clés de la connaissance.
La roue tourne, c'est la roue du destin et des transformations. Les événements vont bouger, les opportunités interviennent, l'évolution est certaine…

PERSONNALITÉ

La chance et le dynamisme accélèrent les actions de façon positive.
La Roue de fortune annonce la fortune, l'aboutissement, le hasard, les transformations, l'énergie constructive.

SENTIMENTS

Cette lame est indice de rencontres à l'occasion de déplacements ou voyages. De nouvelles relations aboutissent rapidement à des accords heureux, et tous les liens affectifs s'annoncent sous le signe de changement dynamique et heureux. Une rupture de la routine permet l'entente et l'harmonie aussi bien en amour qu'en amitié.

PROFESSIONNEL

Les activités en relation avec le commercial sont favorisées. Dans tous les autres cas, une grande liberté d'action dans les entreprises est accordée favorisant la concrétisation des projets. Des avancements avantageux, des opportunités ou des rebondissements peuvent intervenir de façon rapide et bénéfique.

MATÉRIEL

La chance et le hasard permettent une amélioration des finances. Prudence toutefois : risques de hauts et de bas dus à la légèreté ou l'imprévoyance.

SANTÉ

Une énergie débordante risque de provoquer de l'agitation et du stress.

SPIRITUEL

Cette lame, symbole des cycles de la vie ou des réincarnations, offre d'excellentes possibilités sur le plan ésotérique.

DIVERS

Les déménagements, les déplacements, les voyages, les études sont privilégiés.

SYNTHÈSE

La Roue de fortune donne un mouvement à la vie. Elle pousse aux réalisations ambitieuses toujours en évolution active et positive.

11 LA FORCE

DESCRIPTION

Coiffée d'un chapeau aux larges bords en forme de 8, une jeune femme ouvre sans effort la gueule d'un lion qui se soumet sans réaction violente.

SYMBOLIQUE

Le nombre onze marque un conflit. Le un contre le un symbolise la lutte intérieure entre deux antagonismes. Les influences martienne et jupitérienne soulignent d'une part la lutte, le courage et l'énergie et, d'autre part, l'efficacité, l'autorité, la puissance.
La jeune femme et le lion représentent l'opposition de deux forces qui s'harmonisent pour parvenir à l'unification et au pouvoir.
Cette femme au visage doux et tranquille porte un chapeau en forme de 8 qui rappelle celui du Bateleur ; le sens du pouvoir spirituel est confirmé par la petite couronne d'or qui surmonte cette coiffe.
Les bras et les mains sont mis en évidence, précisant une activité et une créativité raisonnées.
La jeune femme déploie toute son énergie intérieure et exerce sur le lion une pression sans brutalité. Emblème de souveraineté, cet animal montre

le potentiel de son instinct et de son orgueil ainsi que la conviction de sa supériorité.
Pourtant, ici, il se soumet sans rébellion ni agressivité.
Un fort magnétisme émane de cette femme, en apparence fragile, qui maîtrise facilement le fauve.
Deux forces puissantes s'harmonisent et nous font prendre conscience que nous possédons tous, en nous, le pouvoir de dominer toutes les situations difficiles.

PERSONNALITÉ

L'énergie psychique, physique, intellectuelle et spirituelle donne toutes les chances de succès dans les entreprises.
La Force annonce le courage, la maîtrise, la vitalité, le pouvoir, la détermination.

SENTIMENTS

La Force est l'indice de sentiments puissants. Le charme magnétique et passionnel s'harmonise pour consolider les relations affectives. Les amitiés sont empreintes de rapports assurés de confiance. La Force annonce souvent de nouvelles liaisons sentimentales.

PROFESSIONNEL

Le pouvoir, l'autorité mais aussi le magnétisme jouent en faveur du consultant dans les relations professionnelles. Les projets sont couronnés de succès et les ambitions sont satisfaites. Il sera facile avec cette lame d'imposer ses idées et de faire valoir ses possibilités.

MATÉRIEL

Les situations financières sont solides et bien équilibrées. Tout ce qui touche au matériel est parfaitement maîtrisé. En cas de difficultés, des solutions interviennent et une sécurité pécuniaire s'impose efficacement.

SANTÉ

Une extraordinaire vitalité met à l'abri des soucis de santé.

SPIRITUEL

Une grande puissance intérieure offre de remarquables possibilités de foi et d'amour.

DIVERS

Lorsque le potentiel d'énergies du consultant devient trop « matériel », on peut craindre de l'agressivité et de la violence de sa part.

SYNTHÈSE

Avec la Force, on domine toutes les épreuves grâce à la maîtrise intérieure. Les atouts nécessaires sont accordés pour sortir des embarras.

12 LE PENDU

DESCRIPTION

Un jeune homme pendu par un pied à une branche qui repose entre deux troncs ayant chacun six branches coupées. La jambe droite est repliée en forme de croix, les mains sont liées dans son dos.

SYMBOLIQUE

Le douze symbolise l'Univers, tant dans sa complexité interne que dans son déroulement cyclique « espace-temps ».
L'influence de Neptune accentue le manque d'énergie conduisant à des dépressions.
Mais cette planète exprime aussi un certain mysticisme.
Pour ne plus avoir à faire face aux difficultés de la vie et des luttes à subir, le jeune homme s'est volontairement pendu par un pied.
Une seule jambe est attachée, liée par une corde à une branche de bois mort symbolisant le bois du sacrifice. L'autre jambe, repliée, reste libre de tout mouvement. Exempte de toute entrave, elle est prête pour un accomplissement et donne la possibilité d'un dégagement.

Les bras liés derrière le dos nous cachent les mains synonymes d'activité. L'immobilité est complète. Ce jeune homme accepte sa destinée.
Les deux troncs qui soutiennent la branche du sacrifice sont associés aux bâtons des arcanes mineurs. Le bâton, image du Pouvoir, est ici immobilisé dans son élan, confirmant un renoncement au commandement.
Sur les deux monticules verts pousse l'herbe des sorciers ou la mandragore, ce qui prouve que le sacrifice est une semence riche qui porte toujours ses fruits. Il en est de même pour les douze cicatrices rouges laissées par les branches coupées. La sève, comme le sang, prouve que la vie est une perpétuelle renaissance…
La réalité matérielle échappe au Pendu et il ne faut pas se méprendre sur son inactivité car il s'est attaché, en sage disposant d'un grand pouvoir spirituel.

PERSONNALITÉ

Le renoncement et les blocages conduisent à des épreuves et des sacrifices.
Le Pendu annonce la soumission, l'impuissance, la passivité, le don de soi et le désintéressement.

SENTIMENTS

Il est l'indice de sacrifices et de résignation sur le plan sentimental. Mais on y trouve également un profond dévouement allant jusqu'à l'oubli total de soi-même. Cette lame confirme les ruptures affectives, et annonce de faux espoirs ou des erreurs dans les relations amicales et amoureuses.

PROFESSIONNEL

Des déboires dans l'activité sont à prévoir. Une impossibilité d'agir ou de maîtriser la vie professionnelle décourage le consultant. Les associations sont déconseillées. Une perte de popularité ou de pouvoir est à craindre. Il existe également un risque de perte d'emploi.

MATÉRIEL

Les engagements financiers ne seront pas tenus. Il y a un risque de perte et d'effondrement. Tout ce qui touche au matériel donnera du tracas. Cette lame prévient des dangers d'escroqueries et de vols.

SANTÉ

La déprime, les pertes de vitalité sont à craindre.

SPIRITUEL

L'évolution intérieure oriente vers une progression spirituelle mystique.

DIVERS

Associé à la lame XV, le Diable, cette lame annonce des abus de confiance de toutes sortes.

SYNTHÈSE

Bien que cette carte soit celle du renoncement et du sacrifice, le Pendu est réceptif à toutes les forces cosmiques. L'état d'attente permet de comprendre comment doivent se franchir les étapes de la vie.

13 ARCANE SANS NOM

DESCRIPTION

Un squelette en marche tenant une faux à lame rouge. Des têtes, des pieds et des mains surgissent de la terre noire. La lame rouge passe entre les plantes bleues et jaunes.

SYMBOLIQUE

Le nombre treize correspond à un recommencement, une reconstruction. Considéré depuis l'Antiquité comme de mauvais augure, il indique pourtant une transformation salutaire.
L'influence saturnienne souligne le déroulement du temps, la lenteur de l'activité, les épreuves, la fatalité et l'automne de la vie.
Bien que cette lame paraisse inquiétante, elle ne présage pas forcément la mort. Elle indique avant tout une transformation.
Le faucheur est un squelette car il s'est dépouillé de toute apparence superficielle et provisoire : la Vérité intérieure se révèle et la vie se transforme par le passage d'un état à un autre.
À partir du XVe siècle la faux est apparue entre les mains du squelette pour symboliser la mort, car cet instrument coupe tout ce qui vit. Mais la

faux, comme la faucille, ne sont que des instruments agricoles marquant les rythmes saisonniers qui s'écoulent inlassablement… Nous avons bien la mort mais, toujours, l'espérance d'une nouvelle vie. La colonne vertébrale du squelette est, d'ailleurs, matérialisée par un épi de blé.
La lame rouge épargne les têtes, les pieds et les mains qui surgissent de terre. Les mains sont tout simplement prêtes à l'action et les pieds vont permettre la progression des idées en marche pour une reconstruction.
Avec la délivrance de toutes les exigences matérielles, la paix et la sérénité peuvent se lire sur les deux visages qui semblent sortir du sol sombre.
L'Arcane sans nom nous fait comprendre qu'il faut accepter le résultat d'un passé pour se reconstruire car, dans la vie, rien ne cesse… tout se poursuit.

PERSONNALITÉ

La transformation et le renouvellement entraînent des changements très importants. L'Arcane sans nom annonce la tristesse, les retards, la fatalité, le détachement et le renouvellement.

SENTIMENTS

L'arcane sans nom est l'indice d'une séparation, d'un éloignement, voire d'une rupture familiale, amicale ou sentimentale. Cette lame est la fin d'une relation, d'un amour, d'une amitié. Elle conduit au divorce et entraîne des peines et des larmes.

PROFESSIONNEL

La fin d'une période professionnelle s'annonce. Un changement radical intervient dans l'activité. Un renouvellement complet est à envisager. Il peut tout autant s'agir d'une mise à la retraite que d'une perte d'emploi. Les contrats sont rompus ou non renouvelés.

MATÉRIEL

Une crise risque d'intervenir dans les finances. Les rentrées se font difficiles. Elles sont quelquefois différées ou même supprimées. Des contraintes et des obligations inquiètent le consultant dans ce domaine.

SANTÉ

Le squelette est fragile : il faut se méfier des risques de blessures et des chocs.

SPIRITUEL

Le passage d'un état à un autre prépare à une renaissance sur le chemin intérieur.

DIVERS

En fauchant inlassablement, le faucheur « libère » des luttes et des difficultés.

SYNTHÈSE

L'Arcane sans nom c'est la souffrance de l'agonie, la libération par la mort et la renaissance à nouvelle vie.

14 LA TEMPÉRANCE

DESCRIPTION

Une jeune femme ailée aux cheveux bleus ornés d'une fleur rouge en forme d'étoile est debout et immobile, elle verse inlassablement le contenu d'une cruche bleue dans une cruche rouge.

SYMBOLIQUE

Le nombre quatorze est l'expression d'une transformation heureuse et d'un équilibre dans le renouvellement. Les influences d'Uranus et de Saturne entraînent une évolution et un changement profond grâce à de solides structures. La jeune femme ailée, douce et sereine, verse à l'infini l'élément vital de la fertilité et de la purification.
C'est une notion d'élévation vers l'intellectualité autant que vers la spiritualité qui nous est donnée par les ailes de ce Génie. Elle transvase interminablement l'eau, substance essentielle à la vie, à la fécondité et à la pureté.
Les cruches ou « réservoirs de vie » sont rouges et bleues, affirmant ainsi un parfait équilibre entre le matériel et le spirituel, entre la raison et la sensibilité, entre le solaire et le lunaire. Médiatrice, elle est

également vêtue de bleu et de rouge, garantissant ainsi l'énergie déployée pour la réalisation d'un but et d'un idéal qui doivent accéder au calme, à la sérénité, à la paix du corps, de l'esprit et de l'âme.
Le Génie de la Tempérance est marqué au front d'une fleur en forme d'étoile, symbole d'amour, d'harmonie et d'espoir ainsi que de lumière.
Cet ange solaire que l'on associe à Raphaël tempère, harmonise, énergétise et ouvre la voie à l'universalité. L'ascension est lente mais régulière ; la progression suivra un cours équilibré dans une quiétude absolue.

PERSONNALITÉ

La sérénité et l'harmonie conduisent à la vie universelle. La Tempérance annonce la sociabilité, l'adaptabilité, la modestie, la patience, la modération.

SENTIMENTS

Elle est avant tout indice d'amitié. Elle est donc très favorable à toutes les relations avec les autres, harmonisant parfaitement les sentiments.
Elle permet la sérénité dans le cadre familial et le bonheur conjugal.
La Tempérance annonce de nouvelles rencontres et des liens sincères s'affirment rapidement.

PROFESSIONNEL

La vie active est facilitée par les bons rapports qui s'établissent avec facilité. L'évolution professionnelle est lente mais régulière. Cette lame permet d'espérer une progression et une amélioration dans les situations sociales. Les relations de travail peuvent être des appuis efficaces dans la réussite.

MATÉRIEL

Les finances sont en excellente amélioration. Les initiatives permettront une évolution et surtout un parfait équilibre. Les acquisitions, les finances ne sont aucunement troublées et toutes les préoccupations sont dominées.

SANTÉ

Le fluide vital permet une bonne remise en place des énergies.

SPIRITUEL

Les énergies spirituelles sont déjà acquises et conduisent vers une harmonie cosmique.

DIVERS

La bienveillance de l'ange tempère toutes les lames environnantes, atténuant les forces négatives.

SYNTHÈSE

La Tempérance calme et apaise. Elle permet d'atteindre la parfaite sérénité. La progression suit un cours équilibré et bienfaisant.

15 LE DIABLE

DESCRIPTION

Un monstrueux personnage androgyne et ailé est coiffé d'un étrange chapeau. Il tient dans sa main gauche une épée dirigée vers le haut. Deux diablotins nus, les mains cachées derrière leur dos, sont enchaînés au piédestal sur lequel il trône.

SYMBOLIQUE

Nombre de Satan, le nombre quinze impose sa volonté. 1 + 5 = 6… nous avons ici le choix entre deux voies : l'une, bénéfique, conduit vers la lumière et l'autre vers les ténèbres.
Les fortes influences mystérieuses et occultes de Pluton font redouter la puissance de l'orgueil et la violence du Diable et l'abus, en toutes choses, est mis en relief par l'influence jupitérienne.
Représentation du malin, ce personnage central au pouvoir puissant suscite l'inquiétude en raison de son intelligence percutante. Afin de mieux dominer et de mieux satisfaire son orgueil, il s'est installé sur un piédestal précaire et de dimension modeste d'où il peut basculer à tout instant…

Androgyne, ses tendances masculines/féminines se confondent ; chaque individu hérite de caractéristiques Yin-Yang et on peut en conclure que le patrimoine de tout être humain est bisexuel. Certains traits dominent, alors que d'autres restent enfouis au plus profond de lui-même.
Ses ailes de chauve-souris, symbole de frayeur, ne sont guère plus rassurantes que sa coiffe dont les cornes déterminent sa puissance. Avec ses pattes griffues, il accroche tout ce qu'il désire posséder…
Il tient l'épée de la fatalité dirigée vers le haut. Elle lui permet de capter toutes les forces vitales, toutes les énergies environnantes dont il sait si bien se servir. Toujours par esprit de pouvoir et de domination, il a enchaîné à son piédestal deux esclaves qui retransmettent ses émanations vaniteuses. Nus, dépouillés de tout ce qu'ils possèdent, les mains liées dans leur dos les obligent à une complète soumission.
Le Diable, créature dangereuse, nous montre que nous vivons dans un monde d'esclavage matériel, un monde asservi à tous les instincts qui nous conduisent aux passions et aux tentations de toutes sortes.

PERSONNALITÉ

La puissance et la domination accordent le pouvoir matériel et la maîtrise de toutes les forces. Le Diable annonce les machinations, les intrigues, l'orgueil, les désirs et les tentations.

SENTIMENTS

Il est l'indice de passions. Les relations avec l'entourage seront fortes, passionnelles et dominatrices. Les rencontres sont liées à des liaisons passagères. Cette lame n'est pas très favorable au cadre familial car elle provoque des brouilles et des discussions.

PROFESSIONNEL

Le pouvoir de domination et l'emprise sur les autres permettent une réussite professionnelle et sociale. Tous les moyens seront bons pour parvenir à ses fins. Les ambitions sont assurées d'un succès positif grâce à une maîtrise puissante et rusée. Les obstacles sont vaincus avec orgueil.

MATÉRIEL

L'aspect matériel est fort et positif. Une parfaite maîtrise dans ce domaine permet des rentrées importantes. La légalité n'est pas toujours présente, et l'honnêteté reste douteuse. Le besoin d'avoir toujours plus entraîne le consultant dans une obsession matérielle.

SANTÉ

Les infections et les maladies sexuellement transmissibles sont à craindre et à surveiller.

SPIRITUEL

Les forces occultes sont puissantes mais l'évolution est plus matérielle que spirituelle.

DIVERS

Toutes les « passions » sont ici représentées : le jeu, l'alcool, la drogue…

SYNTHÈSE

Le Diable symbolise les désirs et les tentations de chacun. Sa nature forte impose sa volonté sur tous les plans.

16 LA MAISON-DIEU

DESCRIPTION

Une tour crénelée à trois ouvertures est frappée par la foudre à son sommet. De chaque côté de la scène des boules rouges, bleues et blanches plongent vers la terre. Deux personnages en chute libre subissent le même châtiment en se retrouvant précipités au sol.

SYMBOLIQUE

Le nombre seize construit ou détruit.
2 x 8 = d'un côté, la justice et la rigueur et, de l'autre, l'acte de châtiment, le choc ou le bouleversement…
L'influence plutonienne accentue l'aspect violent et confirme une puissance mystérieuse et maléfique.
Par analogie, cette scène pourrait être rattachée à la Tour de Babel, œuvre de l'orgueil humain. L'homme a cru pouvoir défier le ciel par la construction humaine et matérielle.
La Maison-Dieu représente le retard spirituel de l'homme. Le ciel va donc anéantir, par la flamme destructrice, le haut de la tour qui s'effondre. On peut comprendre par cette couronne qui

s'écroule, qu'il y a danger à vouloir s'élever trop haut sans tenir compte des avertissements.
Deux personnages vont subir le châtiment de la colère divine… En tombant, par réflexe, ils mettent leurs mains en avant. Ce premier contact avec le sol va leur permettre de se recharger rapidement, grâce aux forces telluriques. Ils pourront, ainsi, se relever et repartir à leur point de départ pour recommencer, après cette sévère leçon, la lutte d'une longue remontée.
Les boules de toutes les couleurs qui plongent vers la terre symbolisent les énergies perdues par orgueil ou par ignorance, mais elles seront aussi les semences d'une nouvelle construction. Les trois fenêtres bleues vont permettre l'ouverture sur l'inconscient et la spiritualité.

PERSONNALITÉ

Les chocs et les bouleversements contrarient les projets et les espérances. La Maison-Dieu annonce les ruptures, les faillites, les chutes, les accidents et les destructions.

SENTIMENTS

Cet arcane est l'indice de désaccords conjugaux, de conflits amicaux, de séparations sentimentales et de divorces. Des malentendus bouleversent le consultant. Le trouble est semé dans les relations et entraîne presque toujours un choc moral.

PROFESSIONNEL

Des oppositions et des malentendus risquent de modifier de façon néfaste toutes les activités professionnelles et sociales. Les pertes d'emplois et les licenciements sont annoncés. Des conflits avec son environnement peuvent entraîner des ruptures graves dans le travail.

MATÉRIEL

Les catastrophes sont à prévoir. Le manque d'argent met dans une situation inquiétante et préoccupante. Les rentrées ne se font pas mais les échéances ne sont pas différées. Les embarras sont nombreux.

SANTÉ

Cette lame symbolise l'hôpital et peut donc indiquer les interventions ou, tout au moins, des examens médicaux en lieux hospitaliers.

SPIRITUEL

La confusion règne. Le bouleversement des ambitions peut ouvrir la voie de l'humanité et de la compréhension.

DIVERS

Il convient de voir dans cette lame la recommandation. Elle est avant tout un avertissement.

SYNTHÈSE

La Maison-Dieu, lame de bouleversement et de choc, est nécessaire à l'avancement et à la progression dans la vie de chacun.

17 L'ÉTOILE

DESCRIPTION

Une jeune fille nue, aux cheveux longs et bleus, est agenouillée au bord d'un étang. Elle verse de l'eau sur la terre et dans l'étang. Huit étoiles brillent au-dessus de sa tête.

SYMBOLIQUE

Le nombre dix-sept est un nombre d'espérance et de foi. L'équilibre et la stabilité se retrouvent par son aspect « cosmique » : 1 + 7 = 8.
L'influence vénusienne donne le dévouement, la douceur, la sympathie, le charme et l'harmonie.
Dans sa nudité, la jeune fille symbolise la pureté et la vérité. Ses cheveux, longs et bleus, irradient la foi et l'amour universel. Elle verse l'eau à l'infini sur la terre, pour la fertiliser, et dans l'étang pour permettre la régénérescence. Ces deux réservoirs de vie nous rappellent les cruches du Génie de la Tempérance. Ici, pourtant, une différence par les couleurs : on ne retrouve pas, en effet, l'équilibre du bleu et du rouge mais uniquement le rouge, pour bien marquer que la spiritualité doit se puiser dans la Matière.

Au-dessus de cette douce jeune fille, l'Étoile de Vénus ou Étoile du Berger rayonne au milieu de sept autres étoiles, sources de lumière qui percent l'obscurité en apportant l'espoir, l'harmonie et l'amour.
À l'arrière-plan, les arbustes verts rappellent la fertilité, et l'oiseau, par sa grâce et sa légèreté, symbolise l'élévation spirituelle.
Après la Maison-Dieu, cette lame indique qu'il faut garder l'espérance, même lorsque nous nous trouvons dépouillés de tout.

PERSONNALITÉ

L'espérance et la foi apportent la réalisation de tous les projets. L'Étoile annonce le charme, le mouvement et la douceur, l'épanouissement, la confiance.

SENTIMENTS

Elle est l'indice de sentiments profonds et sincères et procure la réalisation de tous les vœux affectifs. Elle permet la sérénité dans le cadre familial et le bonheur conjugal. Elle est l'annonce de nouvelles amitiés, de rencontres harmonieuses.

PROFESSIONNEL

Toutes les activités ayant un lien avec la beauté, l'art et l'esthétique sont favorisées. Dans les autres cas, les situations sont en amélioration satisfaisante. Toutes les entreprises sont facilitées et la réussite professionnelle et sociale est assurée.

MATÉRIEL

La chance, dans ce domaine, permet d'espérer des rentrées fructueuses. La partie matérielle et financière est bien protégée. Les acquisitions, les finances en général ne sont aucunement troublées. Les préoccupations sont dominées.

SANTÉ

Comme la Tempérance, le fluide régénérateur redonne de l'énergie.

SPIRITUEL

La foi en soi est déjà acquise et une force illuminatrice accompagne l'initié.

DIVERS

Toutes les lames environnantes seront adoucies et protégées par la bonne étoile.

SYNTHÈSE

L'Étoile apporte son influence positive et bienveillante. Elle protège tous les domaines et apporte l'espérance de la vie.

18 LA LUNE

DESCRIPTION

Une lune éclaire un marais dans lequel stagne une écrevisse. Deux chiens aboient à la lune et deux tours massives encadrent le paysage. Des gouttelettes multicolores sont aspirées par l'astre féminin.

SYMBOLIQUE

Nombre d'insatisfaction, le nombre dix-huit incline vers la tristesse et la déception. L'influence lunaire ouvre les portes de la réceptivité, du rêve, des illusions, en accentuant le lymphatisme.
La Lune, principe féminin, est le symbole des créations imaginatives, du rêve, de la sensibilité, de l'intuition et de la passivité. Des gouttelettes de différentes couleurs sont aspirées par le disque lunaire : la Lune « pompe » les énergies terrestres, accaparant ainsi tout à elle… sans rien donner en échange.
Au premier plan, on découvre l'écrevisse qui se réfugie dans l'eau stagnante du marais accentuant ainsi les habitudes, la routine, le regret du passé : tout un ensemble dans lequel on se complaît. Figurant les oppositions entre le bien et le mal,

les deux chiens, se nourrissant des forces invisibles de la nuit, aboient à la lune. Souvent comparées aux Temples de l'Initiation, les deux tours massives qui encadrent le paysage sont les refuges de l'imagination et jouent un rôle protecteur.
La lune, astre de la nuit, emblème du monde des fantasmes et de l'occulte, est le symbole de l'éternel féminin et de la fécondité. La persévérance permettra à l'homme de sortir du marais, de traverser les obstacles, d'abandonner la protection des tours pour aller de l'avant vers la ligne d'horizon, vers l'avenir, vers… le Soleil.

PERSONNALITÉ

L'imagination et la sensibilité conduisent à la passivité et au rêve. La Lune annonce l'obscurité, les angoisses, la paresse, les déceptions, l'intuition.

SENTIMENTS

Elle est l'indice d'attachement au foyer et à la famille. La sensibilité est forte et les sentiments échangés sont silencieux mais réconfortants. Par son aspect de popularité, elle permet les nouvelles rencontres entraînant des changements dans la vie familiale ; cette lame annonce également le mariage.

PROFESSIONNEL

Des changements interviennent. Les professions nécessitant l'imagination, et la création sont facilitées. Le succès par les autres, le public, la clientèle sont également favorisés. La situation sociale s'oriente vers d'excellentes perspectives. La popularité joue un rôle très important dans le travail.

MATÉRIEL

On y trouve à la fois un risque de difficultés financières et une extension de gains grâce à une bonne manière de gérer. Souvent, les dépenses concernent l'agencement du foyer et tout ce qui touche à la maison.

SANTÉ

Les coups de cafards, les déprimes rendent pessimistes et entraînent des dépressions nerveuses.

SPIRITUEL

Les contradictions internes et les tensions profondes laissent planer un doute et le chemin reste obscur.

DIVERS

Les annonces de grossesses, de naissances sont favorisées. La voyance est stimulée.

SYNTHÈSE

La Lune de la « réception » créatrice et de la déception obscure est le symbole du temps qui passe.

19 LE SOLEIL

DESCRIPTION

Un imposant soleil distribue une multitude de gouttelettes sur deux jeunes personnages presque nus. Derrière eux, on remarque un petit mur de briques jaunes et rouges.

SYMBOLIQUE

L'évolution, la marche en avant sont annoncées avec ce nombre dix-neuf. Nombre puissant dans son symbolisme, fait du premier et du dernier de la série des chiffres (1 + 9 = 10, ou une totalité).
L'influence solaire apporte tout son éclat et son rayonnement confère les honneurs et la gloire, transmet la force vitale.
Après les ténèbres de la nuit, la clarté du soleil nous apporte la chaleur et la vitalité.
Symbole d'autonomie et de création, il exprime l'influence fécondante sur le plan tant matériel que spirituel.
Les émanations lumineuses de ses rayons bleus, jaunes et rouges permettent une perfection intellectuelle, intuitive et active. Contrairement à la Lune qui aspire tout à elle, le soleil distribue une pluie d'énergie sur la terre et sur les

hommes. Il éclaire, ici, deux personnages dont la jeunesse les assure d'un avenir riche d'espérance et d'amour.
Vêtus simplement d'un pagne bleu, ils s'unissent pour faire l'unité et forment ainsi un accord parfait, une sincère harmonie intérieure.
Derrière ces enfants, un petit mur de briques assure à la fois leur défense et leur protection.
Lumière de la connaissance, le soleil vient dissiper l'obscurité et la solitude : il ouvre la porte de la résurrection.

PERSONNALITÉ

L'éclat et le rayonnement permettent un succès facile et glorieux. Le Soleil annonce la lumière, l'accomplissement, l'amour, la joie, la réussite.

SENTIMENTS

Cette lame est indice de bonheur, de joie de vivre, d'épanouissement et d'amour partagé. Toutes les affections, les amitiés, les échanges sont éclatants de spontanéité et de rayonnement. Les attentes amoureuses sont remplies de promesses bénéfiques, de sincérité, de fidélité et évoluent dans la voie de la lumière.

PROFESSIONNEL

Un avancement est proche et une excellente période de succès intervient dans toutes les activités professionnelles et sociales. Une parfaite harmonie s'établit dans les relations de travail et la réussite dans la voie choisie est certaine. Cette lame donne les possibilités d'atteindre tous les objectifs fixés avec brio.

MATÉRIEL

Toutes les préoccupations pécuniaires n'ont plus de raison d'être : la voie de l'abondance est ouverte. La situation annonce confort, aisance et un bien-être matériel rassurant en raison d'une sérieuse gestion ou de placements et transactions très positifs en retombées pécuniaires.

SANTÉ

Malgré une bonne vitalité, on peut craindre quelques soucis d'hypertension ou de brûlures.

SPIRITUEL

La lumière éclaire l'âme et fait rayonner l'amour spirituel.

DIVERS

Les vacances comme les amours sont favorisées et très heureuses.

SYNTHÈSE

Le Soleil éclaire et réchauffe. Il permet de briller et de vivre dans un parfait épanouissement.

20 LE JUGEMENT

DESCRIPTION

Un ange encadré d'un nuage bleu souffle dans une trompette en or. Deux personnages nus, les mains jointes, semblent sortir de terre ; ils font face à un enfant sortant d'un tombeau.

SYMBOLIQUE

Par une double action (2 x 10), le nombre vingt annonce le renouvellement et la résurrection.
Les influences conjuguées de Mercure et d'Uranus accélèrent le mouvement, les brusques changements et conduisent à des bouleversements imprévus.
Une accélération des actions, une élévation vers les réalités sont annoncées avec l'ange, gardien qui veille sur le monde.
Tel un messager, il souffle dans une trompette d'or en signe d'avertissement et cherche à réveiller notre conscience.
De sa main gauche, il présente un fanion sur lequel se découpe une croix pour marquer son pouvoir qui s'étend aux quatre points cardinaux du monde.

Derrière le nuage bleu, annonce de spiritualité et de fécondité, les longs rayons du soleil expriment leurs influences actives et intuitives.
Mains jointes en signe de foi, d'inspiration, un homme et une femme semblent sortir de terre : ils sont nus, c'est-à-dire, dépouillés de leur passé. Ils font face à un enfant, image de pureté et d'innocence qui sort d'un tombeau.
Ainsi apparaissent en pleine clarté tous les désirs refoulés, tout ce qui était enfoui au plus profond de la conscience.
Nous n'avons pas à craindre, ici, un « jugement dernier » mais bien un réveil à la vie. La résurrection va permettre une nouvelle transcendance… La conscience se libère. L'homme quitte les ténèbres pour vivre dans un monde nouveau.

PERSONNALITÉ

L'enthousiasme et l'inspiration entraînent un renouvellement rapide. Le Jugement annonce les changements brusques, le renouveau, la résurrection, les améliorations.

SENTIMENTS

Cette lame est indice de nouvelles rencontres affectives dans des circonstances souvent surprenantes et inattendues. Toutes les relations évoluent rapidement de façon spontanée, dynamique et enthousiaste. Quelles que soient les situations du moment la vie affective laisse présager des moments de joie, de bonheur et de véritables bouffées d'oxygène.

PROFESSIONNEL

Des imprévus apportent d'heureuses concrétisations dans le travail. Les changements sont facilités et immédiats dans leurs effets et la situation sociale s'oriente vers d'heureuses perspectives. Les affaires de grande envergure, les activités liées à la communication comme les associations sont favorisées. Des déplacements professionnels sont à prévoir.

MATÉRIEL

Des rentrées d'argent interviennent alors qu'on ne les attendait pas, permettant ainsi l'amélioration et le soulagement. La chance et la providence seront présentes pour faciliter la libération de toutes les tracasseries et soucis matériels.

SANTÉ

Les remèdes naturels favorisent une amélioration de santé en cas de mal-être.

SPIRITUEL

Une renaissance profonde et intérieure régénère et éclaire le jugement de foi.

DIVERS

Des voyages, des déplacements ainsi que des coups de foudre (avec le Soleil) sont annoncés.

SYNTHÈSE

Le jugement est la lame des possibilités nouvelles. Elle permet de se sentir un être nouveau dans un monde nouveau…

21 LE MONDE

DESCRIPTION

Une jeune femme semble marcher à l'intérieur d'une couronne de lauriers. Aux quatre coins, les quatre éléments sont symbolisés par un taureau, un lion, un aigle et un ange.

SYMBOLIQUE

Synonyme de maturité, le nombre vingt-et-un symbolise la sagesse et la vertu. Il est aussi un nombre dit « de perfection » : 3 x 7.
L'influence du Soleil apporte à cette lame toute la gloire, l'éclat et le rayonnement. Elle marque bien un succès et un épanouissement heureux.
Avec cette 21e lame, nous parvenons au terme d'un cycle, à l'achèvement d'une évolution.
Au centre de la couronne de lauriers, emblème de victoire et de gloire, plante qui récompense les héros et les sages, une jeune fille nue en mouvement, évolue avec grâce. Elle capte les énergies positives avec la baguette qu'elle tient dans sa main gauche. Les quatre éléments ainsi que les quatre évangélistes sont représentés dans cette lame d'accomplissement :

✦ Le Taureau de St Luc – élément Terre – offre sa fougue, sa puissance et son énergie créatrice.

✦ Le Lion de St Marc – élément Feu – présente sa souveraineté, sa force maîtrisée et noble.

✦ L'Aigle de St Jean – élément Eau – entretient les relations entre le ciel et la terre.

✦ L'Ange de St Matthieu – élément Air – devient le symbole de l'esprit délivré de toute matérialité.

Cet ensemble nous annonce une perfection réelle. L'homme triomphe dans le tourbillon de la vie… Mais la vie continue, l'évolution se poursuit et se poursuit encore, et nous conduit à la dernière lame du tarot : le Mat.

PERSONNALITÉ

L'assurance et les aptitudes récompensent tous les efforts entrepris. Le Monde annonce la victoire, le succès, l'épanouissement, la perfection, les honneurs.

SENTIMENTS

Cette lame est indice d'épanouissement et de bonheur dans le domaine affectif. De nouvelles rencontres peuvent intervenir dans le cadre de déplacements ou de voyages plus lointains. Les liens existants sont marqués d'échanges chaleureux et dynamiques. Dans tous les cas la vie sentimentale donne sourire et joie de vivre.

PROFESSIONNEL

Les activités ayant un lien avec le public, le monde étranger, les déplacements, la communication sont favorisées de façon exceptionnelle et les concrétisations interviennent sur une grande échelle. Les capacités, les talents et les compétences seront reconnus et récompensés à leur juste valeur.

MATÉRIEL

Les réalisations financières sont de grande envergure et toujours en amélioration. Les placements et investissements à l'étranger sont favorisés et permettent des retombées très substantielles. Tous les biens sont sous protection bénéfique et l'accroissement évident.

SANTÉ

En cas de voyages dans des pays lointains, ne pas négliger les vaccinations.

SPIRITUEL

Tous les principes dits cosmiques sont réunis pour ouvrir vers l'harmonie les lois de la Sagesse.

DIVERS

Des déplacements au-delà des frontières sont à prévoir.

SYNTHÈSE

Le Monde c'est le succès, le triomphe dans le tourbillon de la vie mais aussi la protection et la chance dont il faut savoir se servir.

0 LE MAT

DESCRIPTION

Un homme barbu, traînant un bâton, avance, poussé par un chien qui le mord et lui déchire son pantalon. Sur son épaule droite, un petit baluchon est suspendu à un autre bâton.

SYMBOLIQUE

Signe numérique sans valeur, le zéro, c'est le néant. Avant l'apparition du un (manifeste de Dieu), il n'y a rien…
L'influence d'Uranus, planète qui bouleverse les idées reçues, rend à la fois excentrique et révolté.
Le tarot se termine par le Mat, 22e lame dont la valeur numérique est zéro.
Zéro, car le Mat est un vagabond qui se traîne à travers la vie, tel un inconscient ayant perdu toute personnalité.
Son costume nous rappelle celui des bouffons du roi, appelés également les « fous du roi ».
Il avance sans prendre appui sur son bâton qui perd tout son pouvoir de commandement. Pour tout bagage, il porte un petit baluchon sur l'épaule réunissant tous les trésors tant matériels,

intellectuels que spirituels Il prouve bien, ici, qu'il ne possède que très peu de choses.
Il reste complètement indifférent au chien qui le griffe et le mord, l'obligeant à poursuivre la route de l'inconnu. Il va vers son destin comme un voyageur errant pour qui rien n'est acquis ni fixe.
Avec l'Arcane 22, le livre de la Sagesse et de la Connaissance ne s'arrête pas, le Mat va rejoindre le Bateleur, première lame du tarot, et le cycle des générations va repartir... Tout est encore à vivre.

PERSONNALITÉ

L'inconscience et les extravagances entraînent un flottement dans les réalisations. Le Mat annonce l'impulsivité, l'originalité, l'étourderie, les excès, les actes irréfléchis.

SENTIMENTS

Cette lame est indice de relations décevantes, instables et en conséquence peu sécurisantes. Les sujets ressentent un besoin de fuir les responsabilités familiales et de se libérer des contraintes affectives. Un malaise règne dans les échanges et un flottement est ressenti dans les sentiments.

PROFESSIONNEL

Une période de flottement entoure les activités qui n'accordent aucune satisfaction. Un besoin de liberté et d'indépendance pousse à fuir les contraintes, obligations et responsabilités professionnelles et de ce fait présage des périodes très restrictives.

MATÉRIEL

Les dépenses dépassent les possibilités et les ennuis suivent… Les coups de folie, les coups de cœur sont un peu trop répétés et les finances s'en ressentent. La négligence tout autant que la légèreté de la gestion financière entraînent toutes sortes de tracasseries.

SANTÉ

Tous les problèmes d'ordre psychique sont liés à cette lame.

SPIRITUEL

L'intelligence spirituelle existant, l'état de liberté et de recherche permettra un nouvel équilibre.

DIVERS

On passe de la folie au génie et de la fuite au nouveau départ.

SYNTHÈSE

Le Mat confirme un grand besoin de liberté et d'indépendance. Il est sur le chemin et repart à zéro…

Nous les retrouvons dans le premier d'entre eux, le Bateleur. Il tient dans ses mains le Bâton qui assurera son pouvoir sur la terre du Denier et sur lui-même, tandis que la Coupe et l'Épée (réduite aux proportions d'un poignard) qui symbolisent les deux voies de l'homme à la recherche de l'initiation par le cœur et par l'esprit, sont posées sur sa table.

Dictionnaire des symboles

Chapitre 3

Symbolique et interprétation des arcanes mineurs

PRÉSENTATION DES ARCANES MINEURS

Composés de 56 cartes, les arcanes mineurs complètent l'interprétation des majeurs en accentuant et en précisant, par l'importance des quatre éléments et des nombres (de l'As au 10 pour chaque élément), les influences et les prévisions données par les arcanes majeurs.

Ainsi, les quatre éléments symbolisent les divers états par lesquels passe l'être humain :

- L'élément Eau symbolise les instincts inconscients, la disponibilité.
- L'élément Terre symbolise la solidité, la concentration, la résistance.
- L'élément Feu symbolise l'ardeur, l'enthousiasme, l'énergie, la création.
- L'élément Air symbolise la liaison, la mobilité.

- L'eau = la coupe, soit la sensibilité et l'affectivité.
- La terre = le denier, soit la matérialité.
- Le feu = le bâton, soit l'ardeur et l'enthousiasme.
- L'air = l'épée, soit l'intellectualité.

Les Coupes ont une relation étroite avec les sentiments, l'amitié, l'amour, les grandes joies, la vie affective, les plaisirs, le bonheur.
Les Deniers se rapportent plus particulièrement au côté matériel de la vie et par conséquent, aux finances : gains, transactions, intérêts, emprunts. Ils apportent également des satisfactions, la sécurité et le bien-être dans les entreprises diverses.
Les Bâtons représentent surtout les activités en général, le travail, les affaires, les entreprises diverses. Ils sont également la force, le pouvoir et les initiatives.

Les Épées indiquent souvent les difficultés et les épreuves, les maladies, les peines morales. Mais elles sont aussi l'intellectualité et l'ouverture spirituelle.

Après les Éléments, les nombres sont la base même des interprétations permettant d'aborder aisément l'étude de ces 56 lames…

1 — Début – commencement – action. **Point de départ.**

2 — Dualité – rivalité – opposition. **Union ou dualité.**

3 — Activité – action – mouvement. **Domination de la dualité.**

4 — Réalisation – consolidation – stabilisation. **Équilibre assuré.**

5 — Progression – renouveau – équilibre. **Médiation et nombre de connaissance.**

6 — Sacrifice – épreuve – fatalité. **Épreuve entre le bien et le mal.**

7 — Action – force – puissance. **Transformations positives.**

8 — Nombre cosmique qui représente l'infini.

9 — Transmutation – cycle nouveau. **Fin et recommencement.**

10 — Évolution, réussite – puissance d'action. **Le sommet est atteint.**

LES COUPES

La coupe est encore l'instrument divinatoire au premier chef parce qu'elle est l'instrument avec le divin. L'homme doit vivre dans l'avenir.
Edmond Delcamp

L'AS DE COUPE

Cet As de Coupe, dans son symbolisme, nous rappelle un tabernacle traduisant la réceptivité. L'as ou le un marque un point de départ, une origine, un principe.
Sa présence dans un jeu indique de la joie, du bonheur et du contentement. Les jugements seront clairs et inspirés. Les décisions seront prises avec intelligence.

SENTIMENTS

Il est l'annonce d'une nouvelle rencontre, le début d'une affection ou d'un amour. La perfection et le plaisir se mêlent pour apporter une parfaite harmonie dans toutes les relations avec l'entourage. Les échanges avec les amis ou relations sont améliorés.

MATÉRIEL

Des satisfactions seront données dans le domaine financier. Les revenus seront probablement obtenus par une activité agréable et une progression dans la vie financière est prévisible.

PROFESSIONNEL

L'enthousiasme est marqué dans l'activité qui convient parfaitement au consultant. Une promotion et de nouvelles responsabilités agréables sont à envisager. Il est possible que l'activité professionnelle soit liée à une relation sentimentale.

SANTÉ

Un excellent moral est donné par l'équilibre de cette Coupe.

SYNTHÈSE

Les ambitions sont favorisées et tous les projets se réalisent. Les liens affectifs sont consolidés et harmonieux. Les nouvelles perspectives trouvent leurs concrétisations.

PARTICULARITÉ

Confirme l'amour et les rencontres amoureuses avec :

- le Soleil (lame 19) ;
- le Bateleur (lame 1) ;
- l'Impératrice (lame 3) ;
- l'Étoile (lame 17).

DEUX DE COUPE

Deux coupes sont placées l'une à côté de l'autre. La couleur jaune accentue l'intuition et l'intelligence. L'activité profonde est marquée par l'intérieur rouge.

Le deux conduit à la rivalité et à la dualité. Sa présence dans un jeu indique une lutte affective. Les décisions ou les projets sont en opposition et les conséquences sont contrariantes.

SENTIMENTS

Cette lame est l'annonce de malentendus, de discussions, de désaccords. Les liens avec l'entourage sont distendus, les échanges avec les relations décevants, la vie affective peut tout aussi bien être agréable que conflictuelle.

MATÉRIEL

Des difficultés de moindre importance risquent de provoquer une certaine inquiétude. Les dépenses sont imprévues, mais liées peut-être au désir de faire plaisir aux autres. Sur un plan général, l'équilibre matériel est quand même difficile à maintenir.

PROFESSIONNEL

Trop de sentiments dans les affaires ou l'activité annoncent ici une déception, une antipathie se dévoile et les contacts sont agités et irritants. Les efforts ne sont pas récompensés comme on le souhaite.

SANTÉ

Les petites contrariétés provoquent des agacements sans répercussion sérieuse sur l'organisme.

SYNTHÈSE

La dualité met bien sûr en position de conflit. Les oppositions, les contraintes, les malentendus seront mal ressentis et toucheront le côté sensible des individus, c'est-à-dire… le cœur.

TROIS DE COUPE

Une coupe domine deux autres, placées l'une à côté de l'autre. Comme la symbolique de cette lame, le nombre trois nous rappelle que le un domine la dualité et, de ce fait, accentue l'activité. Sa présence dans un jeu apporte des solutions aux problèmes et aux difficultés. Les réalisations de projets et de résultats sont tout à fait concluantes.

SENTIMENTS

Cette lame est l'indice de joie, de bonheur, de spontanéité et d'épanouissement. Les nouvelles rencontres évoluent agréablement et les liens existants s'exprimeront avec plus d'enthousiasme et d'harmonie.

MATÉRIEL

Une nette amélioration est annoncée dans la situation matérielle. La provenance en est peut-être inattendue, mais l'accroissement est réel et très satisfaisant. Les finances offrent les moyens de se faire plaisir ou de faire plaisir à son entourage.

PROFESSIONNEL

Une bonne entente, une parfaite harmonie s'établissent dans l'activité et les relations de travail. La réussite et le succès dans la voie choisie sont certaines. La concrétisation des projets est facile, car les négociations sont aisées.

SANTÉ

Épanouissement, énergie et force prennent l'avantage sur les petits problèmes organiques.

SYNTHÈSE

Les décisions sont couronnées de succès. La fin des soucis, des difficultés, des peines est immédiate. Une libération ouvrant sur un renouveau est imminente.

QUATRE DE COUPE

Quatre coupes forment le carré de la stabilité. Le nombre quatre accentue l'équilibre dans la manifestation matérielle.
Sa présence dans un jeu est sécurisante. Dans tous les domaines vont s'imposer la consolidation, la maîtrise, l'affirmation.

SENTIMENTS

La valeur des sentiments est forte et assurée de confiance. Il ne s'agit pas ici de désirs passionnés mais de sentiments sérieux et profonds, fondés sur l'habitude et la confiance. La vie affective annonce tranquillité d'esprit et plénitude personnelle.

MATÉRIEL

Une gestion sérieuse et efficace basée sur l'économie favorise une excellente sécurité matérielle. La protection est évidente et permet de satisfaire le confort et le bien-être de ceux que l'on aime.

PROFESSIONNEL

Les possibilités de réussite dans les projets, la vie active et sociale sont facilitées par l'autorité puissante, les besoins d'expansion et de stabilité toujours liés au matériel. Les ambitions sont satisfaisantes et assurent l'avenir de bonnes relations.

SANTÉ

Une bonne santé est annoncée sauf en cas d'excès exagérés de toutes sortes.

SYNTHÈSE

L'influence matérielle est liée à l'influence affective. La recherche de l'équilibre de ces deux aspects, fortement ressentie dans sa généralité, permet la construction de fondations sérieuses pour l'avenir.

CINQ DE COUPE

Quatre coupes aux quatre coins de la carte, une cinquième occupe le centre. Cette coupe centrale est un élément nouveau à l'union équilibrée que détermine le nombre cinq.
Sa présence dans un jeu apporte la sagesse et l'harmonie. Les perspectives, les espérances se concrétisent dans la paix et la tranquillité retrouvées.

SENTIMENTS

Cette lame rassure le consultant sur la sincérité des sentiments qui lui sont portés. Les attentes sont remplies de promesses bénéfiques et évoluent dans la voie de la sérénité. L'entente et l'indulgence prennent le dessus en cas de brouilles.

MATÉRIEL

Les petits retards ou insatisfactions financières sont liés à des contraintes ayant une relation avec les sentiments. Les espérances matérielles ne répondent pas exactement à ce que l'on pouvait souhaiter et l'équilibre matériel s'annonce difficile à maintenir.

PROFESSIONNEL

La situation active et sociale s'oriente vers d'excellentes perspectives, vers un « plus » et un « mieux » grâce sans doute à de nouveaux éléments qui interviennent dans la vie professionnelle. De nouvelles responsabilités plus importantes sont prévisibles à court terme.

SANTÉ

La tranquillité d'esprit apportée par ce cinq, calme et régénère une santé fragile.

SYNTHÈSE

Les espérances sont en excellente voie de réalisation. Les situations s'orientent avec sagesse, sécurité et subtilité. De nouvelles alliances ou affinités annoncent des aspects prometteurs.

SIX DE COUPE

Une tige fleurie sépare trois coupes placées l'une sous l'autre du côté gauche, des trois coupes également l'une sous l'autre du côté droit. Cette séparation marque l'opposition, l'épreuve entre le bien et le mal que détermine le nombre SIX.

Sa présence dans un jeu entraîne des sacrifices et des limitations. Des entraves freinent la réalisation des projets et des espérances.

SENTIMENTS

Cette lame annonce des contrariétés dans la vie affective accompagnées de déceptions et d'incompréhensions qui marqueront les rapports avec l'entourage. Oppositions, conflits, désaccords s'installent dans les amitiés. Les échanges poussent à des doutes et à des tensions émotionnelles.

MATÉRIEL

Les finances sont soumises à rude épreuve. Les tracasseries sont le résultat d'inconséquences liées aux sentiments portés aux autres, sans contrepartie, et conduisent à un déséquilibre budgétaire.

PROFESSIONNEL

Les obstacles sont accentués par des doutes et un manque de confiance en soi. L'instabilité met dans une position de faiblesse ce qui ne facilite pas les avancements souhaités. La pleine liberté d'action dans l'activité n'étant pas obtenue, les contrariétés seront multipliées.

SANTÉ

Une perte de vitalité ouvre la voie de la déprime et des coups de cafard.

SYNTHÈSE

Les projets, les désirs, les souhaits seront arrêtés, freinés ou remis en question. Dans tous les domaines, les obstacles surgissent et contrarient le consultant.

SEPT DE COUPE

Trois coupes placées l'une sous l'autre au centre et quatre autres occupent les quatre coins de la carte. Le nombre SEPT affirme un succès et une transformation positive basée sur des fondations solides.
Sa présence dans un jeu influence favorablement les événements et les situations qui entourent le consultant.

SENTIMENTS

En amour comme en amitié, cette lame annonce joie, rapprochement, bonheur. Une très bonne entente resserre tous les liens affectifs existants et les attentes sont remplies de promesses bénéfiques. Le Sept de Coupe confirme également les unions, les mariages légalisés.

MATÉRIEL

Une tranquillité absolue dans les finances sécurise et détend le consultant. Les intérêts financiers conjugués aux sentiments présagent sécurité et confiance pour le devenir. Les efforts dépassent les espérances et permettent une aisance confortable.

PROFESSIONNEL

La libération et la réussite professionnelle s'unissent pour faire triompher les ambitions. Les rapports avec l'entourage accélèrent la réussite sociale et un aboutissement sécurisant dans la voie choisie est certaine et satisfaisante.

SANTÉ

En cas de difficultés, un rétablissement s'annonce rapide et efficace.

SYNTHÈSE

Une forte volonté et une détermination évidente conduisent au succès dans les entreprises diverses. Les tourments, les malentendus sont dissipés, les situations troubles sont éclaircies.

HUIT DE COUPE

Deux coupes centrales en dualité sont encadrées de trois coupes au-dessus (spirituel) et de trois coupes au-dessous (matériel). Le nombre HUIT, dit cosmique, marque un équilibre par les transformations violentes.

Sa présence dans un jeu complique les situations diverses, traduit des conflits et des oppositions en entraînant des discussions et de la mésentente.

SENTIMENTS

Cette lame complique les situations affectives et sème le trouble et les déceptions. Contrariant les amitiés et les amours, la discorde frôle souvent les ruptures et les abandons. Une crise sentimentale s'annonce accompagnée de mésentente, discussions et échanges conflictuels.

MATÉRIEL

De mauvaises surprises se découvrent dans les finances et des complications matérielles troublent et entravent le consultant. Les contraintes deviennent étouffantes, les engagements financiers difficiles à tenir et les épreuves inévitables.

PROFESSIONNEL

Les relations sont défavorisées et des désillusions par rapport à ses supérieurs, attendent le consultant. Un risque de perte de popularité donne des regrets et empêche l'aboutissement des projets. Des déboires dans l'activité sont prévisibles mais il sera important de ne pas se laisser déborder par l'émotionnel.

SANTÉ

Cette lame provoque des tracas et des soucis divers mais sans gravité.

SYNTHÈSE

Cette lame contrarie la vie sentimentale. Les désillusions exposent aux soucis et tracas affectant le moral.

NEUF DE COUPE

Le ternaire est ici représenté trois fois, soit trois coupes sur trois lignes. Le nombre NEUF indique une transmutation, un cycle nouveau.
Sa présence dans un jeu apporte la quiétude, la joie. Elle contribue au bonheur et à la paix.

SENTIMENTS

Cette lame encourage le bonheur affectif avec un partage de sentiments profonds marqués de tendresse et d'affection sincères. Tout indique une évolution amoureuse faite de joie, d'harmonie et de sérénité.

MATÉRIEL

Des satisfactions matérielles sont accordées, car cette lame est très favorable au domaine financier. Elle rassure, libère de tous les soucis et conduit au confort et au bien-être de la vie quotidienne.

PROFESSIONNEL

Toutes les entreprises sont facilitées et la réussite professionnelle et sociale est assurée. Les activités se déroulent dans la sérénité, la confiance et la tranquillité d'esprit d'autant que les capacités et les efforts seront reconnus et récompensés.

SANTÉ

Force et vitalité sont accordées et accélèrent un rétablissement de santé en cas de préoccupation.

SYNTHÈSE

Cette lame laisse entrevoir un avenir détendu et bénéfique. Cet arcane est synonyme de joie et d'épanouissement.

DIX DE COUPE

Le ternaire est ici représenté par trois fois : trois coupes les unes au-dessus des autres. La dixième, plus importante, trône dans le haut de la carte et semble indiquer la synthèse des neuf autres. Le nombre DIX, fort et puissant, permet d'atteindre un sommet.
Sa présence dans un jeu favorise tous les sentiments. Elle est l'indice de transformations heureuses et bénéfiques.

SENTIMENTS

Cette lame confirme indiscutablement le bonheur et l'amour, l'aboutissement de projets sentimentaux, des amitiés chargées de spontanéité, des échanges harmonieux. Toutes les relations évoluent vers un épanouissement ensoleillé.

MATÉRIEL

Le domaine financier est à l'abri de toutes préoccupations car une évolution intéressante est prévisible à court terme. Cette amélioration permettra de satisfaire les plaisirs personnels.

PROFESSIONNEL

Un avancement professionnel est à envisager avec d'excellentes répercussions protectrices, agréables et enrichissantes. Les projets ou entreprises verront une sérieuse concrétisation rassurante pour le futur.

SANTÉ

Force et énergie sont retrouvées tant sur le plan physique que moral.

SYNTHÈSE

Suffisamment puissante pour neutraliser les embûches, cette lame influence les tirages de façon très positive.

LES DENIERS

Le sicle, signe d'une valeur déterminée, figure les aspirations réalisées, les œuvres accomplies, la somme de puissance conquise par la persévérance et l'efficacité de la volonté.

Le Tarot divinatoire de Papus

AS DE DENIER

Un superbe denier d'or au centre de la carte est enserré de tiges fleuries.
Sa présence dans un jeu symbolise le bien-être et la réussite sur tous les plans. D'un apport actif, elle rayonne dans tous les domaines.

SENTIMENTS

Cet as confère une vie affective sans nuage et assure d'une entente parfaite avec l'entourage tout en s'harmonisant dans un confort et un bien-être matériel. Cette lame procure la réalisation de tous les vœux affectifs.

MATÉRIEL

Les voies de la prospérité et de l'aisance financières sont ouvertes. Toutes les préoccupations matérielles n'ont plus de raison d'être car la situation pécuniaire est florissante.

PROFESSIONNEL

L'activité professionnelle évolue vers une belle réussite personnelle et une réalisation des ambitions. Les affaires de grande envergure comme les associations sont favorisées et sont accompagnées de retombées matérielles très substantielles.

SANTÉ

La victoire sur les petits malaises est immédiate.

SYNTHÈSE

Cette lame de succès et de triomphe promet une belle stabilité et, surtout, neutralise toutes les tracasseries existantes.

DEUX DE DENIER

Deux deniers placés l'un sous l'autre sont enchâssés dans un « S » bleu, opposant le matériel au spirituel.
Sa présence dans un jeu contrarie les projets. Elle expose à des soucis, particulièrement d'ordre matériel et professionnel.

SENTIMENTS

Les amitiés et les amours s'annoncent contrariés et trompeurs. Les rapprochements affectifs ne sont pas facilités et les risques de conflits, mésentente et désaccords sont nombreux. Prudence au trouble qui sera semé dans les échanges avec l'entourage.

MATÉRIEL

Les rentrées financières se font difficilement et provoquent des embarras obligeant à quelques restrictions. Dans certains cas, il est possible qu'un partage soit également à envisager.

PROFESSIONNEL

Les contacts dans l'activité sont irritants et on s'expose souvent à de mauvais rapports avec l'entourage. Les réalisations sur le plan social ne sont pas ce que l'on attendait et le bon déroulement des entreprises se présente légèrement entravé.

SANTÉ

De petits soucis de santé obligent à quelques dépenses.

SYNTHÈSE

Cette lame un peu contrariante entraîne des tracas matériels pouvant avoir une répercussion dans les sentiments.

TROIS DE DENIER

On retrouve, ici, le même principe des trois coupes, soit un denier qui en domine deux autres : il dépasse la dualité.
Sa présence dans un jeu apporte des modifications heureuses et contribue à satisfaire les projets. Les actions sont efficaces.

SENTIMENTS

Tous les liens affectifs sont en amélioration et une libération d'épreuves permet l'entente et l'harmonie avec les relations amicales et dans les amours. Les rencontres, les échanges et les contacts sont sous le signe de l'accord et de la bienveillance.

MATÉRIEL

Les projets financiers sont couronnés de succès car la Providence libère de toutes les tracasseries matérielles. Une progression très satisfaisante dans la vie financière est prévisible à court terme.

PROFESSIONNEL

Un avancement avantageux est accordé dans le domaine actif et social. La chance et la protection réunies contribuent à satisfaire pleinement le consultant avec des changements immédiats dans leurs effets.

SANTÉ

Épanouissement et force prennent l'avantage sur les éventuels problèmes organiques.

SYNTHÈSE

La réussite et le succès dans la voie choisie sont certains. La concrétisation des projets et espérances est facilitée.

QUATRE DE DENIER

Quatre deniers, quatre coins, quatre éléments, ainsi qu'un double carré au centre, indiquent la stabilité et la manifestation du matériel.
Sa présence dans un jeu impose la stabilisation et la consolidation des projets. Elle permet également la réalisation de toutes les espérances matérielles.

SENTIMENTS

Très positive sur le plan affectif qu'elle stabilise, cette lame assure d'une confiance qui passe par le matériel. Les rapports avec les autres sont solides et tous les liens sont stables et sécurisants.

MATÉRIEL

Une sécurité financière s'impose efficacement. En cas de difficultés, les solutions sont trouvées grâce à des appuis et des relations puissantes. Les transactions, investissements divers ou spéculations sont positives.

PROFESSIONNEL

Une autorité forte et déterminée facilite les possibilités de succès dans les ambitions. L'expansion est enrichissante et bénéfique, l'avancement sérieux et les ambitions satisfaites.

SANTÉ

Une bonne santé est assurée.

SYNTHÈSE

La construction de fondations matérielles est profonde, sérieuse et par conséquent très stable. L'avenir est bien protégé.

CINQ DE DENIER

Quatre deniers sont placés aux quatre coins de la carte et un cinquième est disposé au centre : un élément nouveau est ajouté aux quatre éléments.
Sa présence dans un jeu favorise la réputation. Les perspectives matérielles vont vers un plus et tous les espoirs sont permis.

SENTIMENTS

Les échanges sont faciles et ouverts à la communication. Le consultant peut être assuré de la sincérité des sentiments qui lui sont portés et les nouveaux contacts sont harmonieux et agréables.

MATÉRIEL

Les acquisitions, les finances ne sont aucunement troublées et toutes les préoccupations d'ordre matériel sont parfaitement dominées. L'avancement et les actions financières de toutes sortes sont facilités.

PROFESSIONNEL

La situation professionnelle s'oriente vers d'excellentes perspectives grâce à des projets bien calculés et une organisation favorisant la renommée. Des opportunités favorisent une progression sociale et matérielle.

SANTÉ

Les énergies circulent de façon très protectrice.

SYNTHÈSE

Les situations évoluent de façon très prometteuse. Les projets et espérances sont en excellente voie de succès et de réussite.

SIX DE DENIER

Les six deniers sont séparés les uns des autres, ce qui indique qu'aucun n'apporte sa force à l'autre.
Sa présence dans un jeu entraîne des obstacles et des troubles dans l'équilibre général. Les réalisations sont freinées.

SENTIMENTS

La vie affective n'est pas très épanouissante et des remises en question provoquent des oppositions et des conflits. On constate avoir fait des erreurs dans le choix de ses relations ce qui entraîne des déceptions et contrariétés.

MATÉRIEL

Les finances sont soumises à toutes sortes de tracas. Les rentrées se compliquent par des obstacles agaçants et les engagements ne pourront pas être tenus.

PROFESSIONNEL

Des entraves interviennent dans le déroulement des affaires professionnelles. Des désaccords troublent la confiance en soi et mettent en position de faiblesse. La pleine liberté d'action n'est pas obtenue dans les projets d'avancement professionnel.

SANTÉ

Une petite perte de vitalité est ressentie.

SYNTHÈSE

Des obstacles surgissent et contrarient les projets. Mais le consultant est souvent responsable de ces oppositions et tracasseries diverses.

SEPT DE DENIER

Un groupe de quatre deniers est placé au bas de la carte. Trois autres deniers forment un triangle au-dessus. Le triangle domine le quaternaire. Sa présence dans un jeu indique un succès et un triomphe matériel. Tous les événements sont favorablement influencés.

SENTIMENTS

Le bien-être et le confort matériel contribuent à influencer favorablement le foyer. Une bonne entente resserre les liens affectifs et cette lame préserve des conflits ou des querelles.

MATÉRIEL

Les doutes concernant le budget sont rapidement dissipés. Une amélioration financière intervient grâce à de bons investissements favorisant des retombées très substantielles.

PROFESSIONNEL

La réussite sociale est acquise et les ambitions sont assurées d'un succès positif grâce au pouvoir de domination. Les éventuels obstacles sont vaincus et la concrétisation de projets aboutit dans d'excellentes conditions.

SANTÉ

En cas de préoccupation, le retour à la santé est rapide et efficace.

SYNTHÈSE

Une puissante détermination de réussite conduit au succès. Les situations sont améliorées. L'évolution est positive.

HUIT DE DENIER

Les huit deniers sont placés de façon régulière et symétrique, mais toujours séparés par des ramifications fleuries. Aucun denier n'apporte sa force à l'autre.
Sa présence dans un jeu traduit un manque de confiance ou de persévérance. Une instabilité contrarie les divers projets.

SENTIMENTS

La vie affective est exposée à des peines et des déceptions. Des tourments contrecarrent les relations sentimentales et laissent des regrets et l'instabilité contrarie les amours.

MATÉRIEL

Les rentrées financières sont insuffisantes en raison de contraintes étouffantes qui compliquent le budget. On n'enregistre pas de véritables catastrophes, mais l'équilibre n'est pas maintenu et des tourments sont à prévoir.

PROFESSIONNEL

Les efforts personnels n'aboutissent pas ou ne sont guère récompensés à leur juste valeur. L'activité n'apporte aucune satisfaction et une certaine stagnation s'installe. Des désaccords risquent d'entraver le bon déroulement des affaires en cours.

SANTÉ

Peu favorable à la santé, cette lame provoque de petites tracasseries.

SYNTHÈSE

Cette lame contrarie toutes les affaires financières et matérielles. Elle embrouille toutes les situations en affectant souvent le moral.

NEUF DE DENIER

Deux fois quatre deniers et un neuvième central sont mis en évidence par les encadrements fleuris, pour marquer un accomplissement.
Sa présence dans un jeu contribue à la sécurité et au discernement. Elle renforce la prévoyance et permet les réalisations.

SENTIMENTS

Le bien-être affectif est dominé par le bien-être matériel et l'entente avec l'entourage proche est encourageante et très agréable. Le bonheur conjugal et la sérénité amicale règnent dans les échanges.

MATÉRIEL

Cette lame rassure et libère de toutes éventuelles tracasseries grâce à la prudence et à une excellente maîtrise de la gestion financière.

PROFESSIONNEL

Toutes les activités professionnelles sont avantagées et sécurité et confiance en affaires sont facilitées. Les efforts sont reconnus et récompensés et les ambitions sont couronnées de succès.

SANTÉ

Une bonne vitalité n'est pas remise en question.

SYNTHÈSE

Synonyme de discernement, cette lame sécurise et laisse entrevoir de belles satisfactions dans le domaine matériel et professionnel.

DIX DE DENIER

Entre des ramifications fleuries, on découvre deux fois cinq deniers. Un sommet est atteint par une double harmonie.
Sa présence dans un jeu permet des transformations heureuses et rapides. L'accroissement est bénéfique et l'amélioration très positive.

SENTIMENTS

Les rapports et les relations avec l'entourage sont protégés et une entente harmonieuse passe avec facilité. Tous les contacts et échanges sont en voie d'amélioration. Les liens existants sont renforcés grâce au bien-être matériel.

MATÉRIEL

Une bonne sécurité financière s'annonce grâce à un accroissement de fortune à court terme. Tous les biens sont sous protection bénéfique car la providence et la chance libèrent toutes les tracasseries matérielles.

PROFESSIONNEL

Les appuis dans le domaine actif sont sérieux et solides. La position professionnelle fait un véritable bond en avant et les efforts sont récompensés. La concrétisation des projets les plus divers aboutit très favorablement.

SANTÉ

Une excellente vitalité se fait sentir tant sur le physique que sur le moral.

SYNTHÈSE

Cette lame apporte une très bonne amélioration dans la vie du consultant. Son influence est particulièrement bénéfique sur les tirages.

LES BÂTONS

Éprouvé par le feu, l'initié obtient enfin l'insigne du suprême commandement, le Bâton, sceptre du roi, qui règne par sa volonté confondue avec le souverain vouloir.
Oswald Wirth, *Les Imagiers du Moyen-Âge*

AS DE BÂTON

La main de la raison et de l'activité tend un bâton, symbole du commandement. Les flammes de différentes couleurs représentent toutes les énergies qui sont distribuées.
Sa présence dans un jeu est synonyme d'ordre et de créations nouvelles. Elle indique un pouvoir autoritaire et viril.

SENTIMENTS

Les relations avec l'entourage sont stables, sécurisantes et équilibrées. Ce bâton peut annoncer le début d'une aventure, une nouvelle rencontre pouvant être en relation avec le domaine professionnel.

MATÉRIEL

Les décisions sont fécondes et la fortune sourit aux audacieux. Les entreprises nouvelles permettent des rentrées très substantielles et tout indique un pouvoir sur l'accroissement des finances.

PROFESSIONNEL

L'idée du pouvoir et du commandement est renforcée, entraînant une élévation et une réussite complète sur le plan social. Le travail est organisé et efficace et des responsabilités plus importantes seront accordées.

SANTÉ

Vitalité, force et énergie se conjuguent.

SYNTHÈSE

Cette lame permet la réalisation de toutes les espérances. Elle rassure par son pouvoir de domination. Elle s'enrichit par de bonnes énergies.

DEUX DE BÂTON

Deux bâtons, jaunes, bleus et rouges, se croisent pour marquer la dualité.
Sa présence dans un jeu indique un dualisme psychique, des contrariétés et des hésitations. Elle incite aux discussions et aux craintes.

SENTIMENTS

Le trouble et le désaccord sont semés dans les relations affectives. Des contrariétés et des blessures d'amour-propre provoquent de la mélancolie et l'entêtement peut être la cause des conflits.

MATÉRIEL

La situation pécuniaire n'est pas maîtrisée et de surcroît, la fatalité entraîne des sorties financières. Les rentrées matérielles espérées se font avec beaucoup de difficultés et provoquent des embarras dans la gestion du budget.

PROFESSIONNEL

Défavorable surtout aux occasions, cette lame conduit également à des conflits et des heurts divers dans l'activité professionnelle. On s'expose à de mauvais rapports avec les autres avec des malentendus qui sèment le trouble dans l'entourage.

SANTÉ

L'équilibre physique est troublé et chancelle.

SYNTHÈSE

C'est la lame du désaccord, des contraintes et de la rivalité permanente. Elle oblige à des luttes de façon constante.

TROIS DE BÂTON

Deux bâtons se croisent par le centre, comme sur la lame précédente mais un troisième bâton, au milieu, vient modifier l'idée de dualité. Sa présence dans un jeu annonce des actions créatrices et fortement favorisées. La protection conduit à la réussite.

SENTIMENTS

Les relations affectives sont heureuses, sereines et détendues. L'entente et l'harmonie règnent au foyer et les rapports avec l'entourage sont excellents. La sérénité permet la réalisation des vœux affectifs.

MATÉRIEL

Les finances sont en évolution bénéfique. Une protection libère de toutes les difficultés matérielles car la chance dans ce domaine est présente pour permettre de bonnes espérances.

PROFESSIONNEL

Une élévation intervient dans l'activité professionnelle. Les affaires sont favorisées et faciles à conclure et les négociations sont particulièrement aisées. À noter que la chance et la protection jouent un rôle important.

SANTÉ

En cas de mal-être, un rétablissement physique et moral est rapidement ressenti.

SYNTHÈSE

C'est la lame du mouvement et de la création. La connaissance et la clairvoyance facilitent l'aboutissement des entreprises diverses.

QUATRE DE BÂTON

Deux à deux, les bâtons se croisent et s'entrelacent. Chacun supporte la force de l'autre.

Sa présence dans un jeu permet d'espérer de bonnes réalisations actives et matérielles. La consolidation et la stabilisation des affaires sont assurées.

SENTIMENTS

L'équilibre dans le foyer est maintenu et tous les liens affectifs sont vus sous un angle très intellectuel. Cette lame apporte une plénitude active, de l'harmonie dans les échanges et de la sécurité pour le devenir.

MATÉRIEL

Une sécurité matérielle s'impose efficacement et les transactions sont couronnées de succès. À noter que les appuis et les relations aideront aux satisfactions financières.

PROFESSIONNEL

Les contacts et les relations professionnelles sont favorisés et les affaires se règlent dans d'excellentes conditions en raison d'une autorité efficace qui s'impose face aux difficultés.

SANTÉ

Un bon équilibre psychique permet de vaincre les éventuels malaises.

SYNTHÈSE

Cette lame annonce la paix et la tranquillité d'esprit. La prospérité et l'harmonie vont de pair.

CINQ DE BÂTON

Quatre bâtons se croisent et s'entrelacent. Un cinquième, placé verticalement, apporte un élément nouveau.
Sa présence dans un jeu permet d'obtenir de belles satisfactions matérielles et professionnelles et tout ce que l'on souhaite dans tous les domaines actifs.

SENTIMENTS

Les contacts sont encore très intellectuels, les idées soumises seront admises facilement, mais les relations sont toujours empreintes d'un aspect dominateur. Les activités pourraient passer avant les sentiments.

MATÉRIEL

Les opérations financières sont parfaitement maîtrisées, les biens fructifient et les rentrées matérielles progressent. Les perspectives d'acquisitions vont vers des plus et l'assurance d'un succès est certaine.

PROFESSIONNEL

Beaucoup de satisfactions sont données dans l'activité avec des résultats encourageants. Les contrats, les affaires sont traités avec justesse et réflexion favorisant un succès dans toutes les entreprises.

SANTÉ

En cas de préoccupation, une amélioration de la santé intervient rapidement.

SYNTHÈSE

C'est la lame des désirs satisfaits, des engagements et des progrès. L'équilibre est assuré et les épreuves dépassées.

SIX DE BÂTON

On retrouve toujours un croisement par le centre. Deux fois le ternaire veut exprimer un choix.
Sa présence dans un jeu contrarie l'aboutissement des projets. Des retards importants entraînent des sacrifices et des échecs.

SENTIMENTS

La vie affective n'est pas très heureuse avec cette lame de conflits, de désaccords ou malentendus qui sèmeront le trouble. De nombreuses déceptions et contrariétés de toutes sortes marqueront les relations et les amitiés.

MATÉRIEL

Des dépenses imprévues entraînent des difficultés financières et provoquent une situation préoccupante. Les rentrées ne correspondent pas à l'attente et les tracas sont sérieux.

PROFESSIONNEL

Tous les efforts dans ce domaine ne sont pas récompensés. On donne beaucoup plus que l'on ne reçoit, les déboires sont amers et un blocage venant de l'extérieur met en position de faiblesse.

SANTÉ

Les petits ennuis de santé se compliquent.

SYNTHÈSE

C'est la lame des appréhensions et des craintes. Un aspect de dualité intervient et complique toutes les situations.

SEPT DE BÂTON

Le même croisement de Bâton se retrouve avec un septième, placé au centre pour appuyer la force.
Sa présence dans un jeu concrétise rapidement les projets. Le triomphe, le succès et la chance soutiennent cette lame bénéfique.

SENTIMENTS

La vie familiale est favorablement influencée, une bonne entente resserre tous les liens affectifs existants. Les échanges et relations avec l'entourage sont empreints d'harmonie et de confiance. Cette lame préserve des conflits.

MATÉRIEL

Les solutions sont rapidement trouvées pour résoudre les tracas financiers. Les doutes se dissipent et conduisent à un avantage matériel avec dans certains cas de nouvelles possibilités d'avancement.

PROFESSIONNEL

Toutes les entreprises sont favorisées, un pouvoir de domination sociale est accordé et la réussite professionnelle est assurée. Les initiatives et actions de toutes sortes sont facilitées.

SANTÉ

Les états déficients sont rapidement améliorés.

SYNTHÈSE

C'est la lame de la réussite. Elle apporte sa force, son autorité et son énergie pour concrétiser les projets et les espérances de toutes sortes.

HUIT DE BÂTON

Les croisements et les entrelacements de Bâton se placent par deux fois quatre, ou deux fois les quatre éléments.
Sa présence dans un jeu complique les situations par des brouilles et des tourments. Les décisions sont prises avec retard et pessimisme.

SENTIMENTS

Un flottement dans les relations affectives se crée et s'étend accompagné d'une incompréhension qui va s'installer dans les rapports avec l'entourage en laissant des regrets et une instabilité contrariante.

MATÉRIEL

Sans être à la limite des catastrophes, les finances donnent des soucis. Les rentrées sont nettement insuffisantes pour faire face aux besoins mais une imprévoyance est peut-être la cause des problèmes.

PROFESSIONNEL

Les activités ne donnent pas de véritables satisfactions. Les compétences et les efforts ne sont pas compris ou récompensés, accentuant ainsi un manque de confiance en soi. Le consultant, en position de faiblesse, est tributaire de la hiérarchie.

SANTÉ

Les états de fatigue et de déprime se compliquent.

SYNTHÈSE

C'est la lame de l'instabilité et de l'incertitude. Elle contrarie toutes les affaires d'ordre matériel et social.

NEUF DE BÂTON

Comme précédemment, on découvre deux fois quatre bâtons. Un neuvième est placé verticalement, et derrière les huit autres, pour symboliser un accomplissement.
Sa présence dans un jeu accorde la sagesse et la réflexion. Toutes les négociations aboutissent au succès.

SENTIMENTS

Un bien-être tranquille et serein est présent dans les relations existantes. Sur un plan plus général, les relations amoureuses ou amicales sont stables, sécurisantes et bien équilibrées.

MATÉRIEL

La prudence et la sagesse permettent l'accroissement des finances. Un succès est à prévoir dans toutes les transactions matérielles et les éventuelles difficultés sont vaincues.

PROFESSIONNEL

Une certaine maîtrise et du discernement avantagent les situations professionnelles. Les efforts sont reconnus et récompensés, donnant une force de plus au consultant pour atteindre la réalisation de ses ambitions.

SANTÉ

L'énergie physique et morale est retrouvée.

SYNTHÈSE

C'est la lame qui sécurise et laisse entrevoir de belles satisfactions dans le domaine professionnel. Elle renforce la prévoyance et permet les réalisations.

DIX DE BÂTON

Deux fois quatre bâtons sont entrelacés, et deux autres bâtons blancs sont placés derrière pour affirmer les forces supérieures.
Sa présence dans un jeu annonce l'évolution et les changements très bénéfiques. Toutes les entreprises sont facilitées et favorisées.

SENTIMENTS

La vie familiale est bien équilibrée mais dans un sens plus matériel qu'affectif. L'entente passe souvent par des aspects et des rapports très intellectuels mais on notera que tous les liens existants sont sincères.

MATÉRIEL

L'accroissement des finances s'annonce bénéfique entraînant une excellente sécurité pour l'avenir. Le consultant est en droit d'espérer plus d'aisance et de prospérité.

PROFESSIONNEL

D'heureuses répercussions viennent encourager la réussite sociale. Des appuis influents jouent un rôle important dans l'avancement et les promotions. Pouvoir et autorité se conjuguent pour permettre le succès et la réalisation de toutes les ambitions.

SANTÉ

La force et l'énergie se retrouvent, sur le plan tant moral que physique.

SYNTHÈSE

C'est la lame qui apporte de bonnes réalisations dans la vie du consultant. Les améliorations sont heureuses, rapides et très positives.

LES ÉPÉES

La puissance possède un double aspect : destructeur, mais la destruction peut s'appliquer à l'injustice, à la malfaisance, à l'ignorance et, de ce fait, devenir positive ; constructeur, elle établit et maintient la paix et la justice.
Dictionnaire des symboles

AS D'ÉPÉE

Une main ferme tient une épée, symbole de bravoure et de fatalité, pointe en haut. Cette pointe est cachée par une couronne d'or qui symbolise le pouvoir. Les branches de laurier et de chêne marquent la victoire et l'énergie. Sa présence dans un jeu donne la force nécessaire pour faire triompher des projets et des espérances.

SENTIMENTS

Une grande détermination permet de rétablir l'ordre dans les relations affectives. La puissance intellectuelle donne un certain pouvoir sur autrui et un bon jugement favorise l'équilibre dans les amitiés.

MATÉRIEL

C'est avec facilité que les solutions sont trouvées pour sortir des problèmes financiers. Des gains importants sont prévisibles et une gestion prudente favorise une stabilité matérielle.

PROFESSIONNEL

Toutes les affaires en cours aboutissent favorablement. Le courage, et surtout le désir de vaincre, permettent d'excellentes initiatives et la récompense des efforts. Les nouvelles entreprises seront jugées avec efficacité, sérieux et détermination.

SANTÉ

Une bonne vitalité fait triompher des petites tracasseries.

SYNTHÈSE

C'est la lame de la raison et de l'intelligence. Elle annonce le triomphe sur toutes les difficultés, par son pouvoir de libération.

DEUX D'ÉPÉE

Deux épées symboliques se croisent en signe de dualité. Une fleur est placée au centre.
Sa présence dans un jeu apporte luttes, tracas et contraintes de toutes sortes. Elle confirme un aspect d'opposition et de conflits.

SENTIMENTS

Les relations affectives ne sont pas vraiment favorisées avec ces épées qui se croisent pour confirmer ou accentuer les conflits, les brouilles, les désaccords mais aussi la jalousie. Cette lame fait craindre des abus de confiance et de méchanceté.

MATÉRIEL

Les affaires financières sont soumises à de rudes épreuves. Les difficultés s'amoncellent, les portes de sorties sont inexistantes et les préoccupations deviennent irritantes.

PROFESSIONNEL

Toutes les activités sont contrariées et obligent à une lutte permanente, conflictuelle et difficile. La fausseté, la jalousie et les désaccords rendent très difficile l'évolution professionnelle.

SANTÉ

Les états de santé ne s'améliorent pas et créent des soucis.

SYNTHÈSE

C'est la lame des oppositions et des rivalités. Elle embrouille et complique toutes les situations.

TROIS D'ÉPÉE

Deux épées se croisent et une troisième se place verticalement en sens contraire neutralisant, de ce fait, la dualité.
Sa présence dans un jeu apporte des différends, de la solitude et de la dispersion. Le déroulement des projets est retardé.

SENTIMENTS

Toutes les relations affectives sont compliquées avec une accumulation de désaccords et de disputes pouvant entraîner des ruptures. Dualité, trouble, jalousie se conjuguent pour semer le trouble dans les relations.

MATÉRIEL

Les épreuves financières sont lourdes à supporter et les problèmes difficiles à résoudre. Les situations matérielles sont fortement compromises. Les embarras sont nombreux.

PROFESSIONNEL

La vie professionnelle est sérieusement entravée et l'élévation attendue et espérée sur le plan social n'est pas atteinte. Les affaires en cours risquent des ruptures d'évolution, voire une cassure. Une lutte permanente est nécessaire pour se maintenir dans ses activités.

SANTÉ

La santé est fragile et déséquilibrée.

SYNTHÈSE

C'est la lame des complications et des embûches. Elle compromet et complique toutes les entreprises.

QUATRE D'ÉPÉE

Deux à deux, les épées se croisent et s'entrelacent. Elles symbolisent les quatre éléments apportant chacun une force.
Sa présence dans un jeu apporte sa puissance pour permettre la lutte contre les difficultés. Elle est le triomphe sur les événements.

SENTIMENTS

Une stabilisation heureuse intervient dans les relations affectives avec une paix et une sérénité qui prendront le dessus. L'intelligence accorde la bienveillance vis-à-vis des autres.

MATÉRIEL

Les buts fixés sont atteints, les acquis sont stables et les investissements solides et rassurants. Le succès financier est assuré.

PROFESSIONNEL

Les affaires en attente se règlent et les ennuis sont facilement dépassés. Une force est accordée pour neutraliser les obstacles et de puissants moyens sont donnés pour résoudre les problèmes.

SANTÉ

La vitalité est excellente.

SYNTHÈSE

C'est la lame du succès par rapport aux entraves et aux soucis. La fatalité est neutralisée dans ses effets négatifs. Elle rassure et équilibre.

CINQ D'ÉPÉE

Deux à deux, les épées se croisent comme précédemment, et une cinquième en sens inverse se superpose, apportant un élément nouveau. Sa présence dans un jeu accorde une force supplémentaire sur les événements. Les adversités et les défaites risquent malgré tout d'avoir le dessus.

SENTIMENTS

Les médisances rendent les situations affectives troubles. Les épreuves sentimentales conduisent à une tristesse profonde et les malentendus ne s'arrangent pas. Cette lame annonce désaccords, querelles, méchanceté et conflits conjugaux.

MATÉRIEL

Des risques de pertes financières sont prévisibles et inquiétants. Malgré un désir de bien faire, les différends s'amoncellent et accentuent les contrariétés.

PROFESSIONNEL

Les obligations et les contraintes sont pénibles avec une hiérarchie qui ne facilite pas la bonne volonté. Les restrictions sont imposées par les circonstances ce qui fait regretter un manque de liberté d'action.

SANTÉ

La santé physique et morale est contrariée.

SYNTHÈSE

C'est la lame des ambiguïtés. L'épée, ici, possède un double sens : puissance et bravoure ou destruction et guerre…

SIX D'ÉPÉE

Deux fois le ternaire conduit à la dualité entre le matériel et le spirituel. Les épées sont ici représentées avec une diversité de couleurs rappelant les bâtons.
Sa présence dans un jeu annonce les obstacles, les difficultés et les désaccords. Elle conduit à des conflits et des rivalités de toutes sortes.

SENTIMENTS

Les médisances et les calomnies troublent les contacts affectifs. Des querelles éclatent dans les relations et les rapports avec l'entourage sont plutôt négatifs. Les efforts de bonne volonté ne permettent pas de trouver la paix et l'harmonie avec l'environnement.

MATÉRIEL

Des difficultés soudaines entraînent une crise financière et des dépenses imprévues. Des blocages et obstacles de toutes sortes empêchent une libération des épreuves existantes.

PROFESSIONNEL

Le travail et les activités diverses se situent dans une très mauvaise ambiance de médisances, rivalités, brouilles. Prudence avec l'entourage pouvant devenir de véritables et dangereux ennemis.

SANTÉ

Des malaises divers inquiètent et empêchent l'action.

SYNTHÈSE

C'est la lame des immobilisations, de l'antipathie et de l'hypocrisie. Elle n'apporte pas de solutions aux problèmes mais, au contraire, elle les complique.

SEPT D'ÉPÉE

Un croisement d'Épée donne deux fois le terr.aire plus une septième placée verticalement, pointe en haut, pour confirmer un élan actif. Sa présence dans un jeu indique que les obstacles ne seront pas vaincus facilement. Il faudra se battre pour triompher des difficultés.

SENTIMENTS

Toutes les situations affectives seront troublées par une ambiance malsaine. Malgré des tentatives d'accord, des querelles interviennent et ne facilitent pas les échanges avec les relations. Seule la méfiance permet quelquefois de triompher.

MATÉRIEL

Peu de satisfactions apportées dans le domaine matériel. Une possibilité sera pourtant accordée pour vaincre les difficultés journalières à condition de lutter avec une volonté sans faille.

PROFESSIONNEL

Le déroulement des activités subit des embûches de toutes sortes. La lutte et le combat restent de rigueur si l'on veut maintenir un équilibre professionnel. Pour mener à bien le but fixé, le consultant doit avoir une grande confiance en lui-même.

SANTÉ

Il est tout à fait possible de vaincre les petites tracasseries de santé.

SYNTHÈSE

C'est la lame du triomphe par la lutte et les efforts constants. L'adversité est présente, mais le courage également.

HUIT D'ÉPÉE

Comme avec les bâtons, on retrouve un entrelacement et un croisement d'Épée. La double stabilité entraîne un immobilisme.
Sa présence dans un jeu annonce l'inconstance et l'attente. Elle annonce de mauvaises nouvelles et provoque des crises.

SENTIMENTS

Beaucoup de vexations interviennent dans le domaine affectif. Des reproches injustifiés entraînent des brouilles avec l'entourage et les relations sont tendues. Les risques de rupture et de séparation sont prévisibles si l'on ne tente pas de calmer les colères.

MATÉRIEL

Une instabilité provoque de grosses difficultés financières et les fins de mois difficiles s'accumulent. Le découragement ne permet pas de remonter facilement sur le plan matériel.

PROFESSIONNEL

Toutes les affaires sont défavorisées, avec un risque de catastrophes. Des remarques désagréables dans le cadre du travail contrarient et l'inquiétude entraîne l'inaction. Attention à la perte de confiance qui peut conduire au pire.

SANTÉ

Les états physiques et moraux sont au plus bas.

SYNTHÈSE

C'est la lame de l'incertitude, des luttes et des peines. Les contraintes de toutes sortes marquent des épreuves lourdes.

NEUF D'ÉPÉE

Deux fois le quaternaire, avec une neuvième épée placée verticalement pour appuyer sa force aux huit autres.
Sa présence dans un jeu annonce des obstacles que l'on ne peut pas contourner. Elle entraîne beaucoup de peines et de soucis.

SENTIMENTS

Les relations avec l'entourage sont particulièrement difficiles. Cette lame annonce les ruptures, les séparations ainsi que les divorces. Cette lame indique souvent la fin d'une amitié, d'une relation ou d'un amour.

MATÉRIEL

Un risque de perte matérielle est à prévoir avec des rentrées différées, voire supprimées. De nombreuses épreuves attendent le consultant dans les dépenses obligatoires.

PROFESSIONNEL

Un manque de popularité contrarie l'évolution professionnelle et sociale. L'activité est rendue difficile par une mésentente avec les relations. Un risque de perte d'emploi, de fin de mission ou de licenciement brutal est prévisible.

SANTÉ

L'équilibre est déficient, un risque de maladie est prévisible.

SYNTHÈSE

C'est la lame des entraves et des luttes dont on ne peut se sortir. Elle apporte amertume et chagrin.

DIX D'ÉPÉE

Deux fois quatre épées sont ici représentées avec deux autres épées bleues qui se croisent pour apporter une force supplémentaire. Sa présence dans un jeu donne une puissance sur les événements. Elle permet d'avoir un avantage sur tous les différends.

SENTIMENTS

Les relations affectives sont améliorées, malgré quelques brouilles. Des blessures d'amour-propre restent présentes mais sont surmontées dans la bonne humeur. Indulgence et franchise aident à dépasser tous les petits malentendus.

MATÉRIEL

Les finances sont avantagées par des transactions faciles. Les gains et les profits sont en évolution positive à condition de savoir rester vigilant et de gérer les acquis avec une grande rigueur.

PROFESSIONNEL

L'élévation sociale est rapide et le succès accordé dans le domaine professionnel. Les affaires et les entreprises diverses aboutissent très positivement. Cette lame confirme une fin de luttes et de difficultés dans le travail.

SANTÉ

De bonnes réactions redonnent une énergie éventuellement perdue.

SYNTHÈSE

C'est la lame de la rapidité et des changements. Elle apporte force et énergie pour vaincre les obstacles et les épreuves.

LES PERSONNAGES DES QUATRE ÉLÉMENTS

ROI DE COUPE

Un homme à barbe blanche, symbole des années d'expérience, portant couronne d'or, synonyme de pouvoir, tient dans sa main droite une coupe d'or.

Cette lame représente un homme bon, dévoué et bienveillant. Elle indique le consultant lui-même, un conjoint, un père ou un ami. Elle est très favorable à l'activité professionnelle. Elle facilite les profits financiers. Elle marque d'excellentes relations avec l'entourage. Le Roi de Coupe a une influence bénéfique car il est la protection.

REINE DE COUPE

Une femme vêtue de bleu et de rouge tient dans sa main droite une coupe fermée, pour renforcer la passivité. Dans la main gauche, un sceptre en forme d'épée impose une autorité affective.

Cette lame représente une femme aimable, dévouée honnête. Elle indique la consultante elle-même, la conjointe, l'amie, la mère, la sœur. Peu favorable à l'activité professionnelle ou matérielle, elle facilite en revanche très favorablement les relations, les amitiés. La Reine de Coupe a une influence bénéfique sur les aspects affectifs.

VALET DE COUPE

Un jeune homme en marche, tient dans sa main droite une coupe ouverte, prête à recevoir. Il porte une couronne de fleurs, symbole d'amour et d'harmonie.

Cette lame représente un jeune homme dévoué, serviable ou timide. Elle indique le consultant lui-même, le fiancé, le fils, le frère ou l'ami. Cette lame apporte des plaisirs et des joies. Elle confirme des sentiments sincères. Peu active, elle ne permet pas des réalisations importantes. Le Valet de Coupe a une bonne influence sur tous les aspects affectifs.

CAVALIER DE COUPE

Un jeune homme, tête nue, sur un cheval galopant, tient dans sa main droite une coupe ouverte, symbole de l'offrande qu'il apporte.

Cette lame permet un changement et une évolution sur le plan affectif. Elle apporte beaucoup de joie et de bonheur. Elle n'est pas très active dans le domaine professionnel. Elle indique souvent une nouvelle connaissance, une rencontre. Le Cavalier de Coupe protège la vie affective et consolide les liens existants.

ROI DE DENIER

Un homme assis, à barbe blanche, image des années d'expérience, porte un chapeau aux larges bords qui rappelle l'infini. Il est assis et son pied gauche, légèrement relevé, marque une prise de décision. Il présente un denier d'or de sa main droite.

Cette lame représente un homme sérieux, loyal, intelligent. Elle indique le consultant lui-même, le conjoint, le père, un ami. Elle est très favorable à l'activité professionnelle. Elle influence de façon bénéfique tous les domaines matériels. Elle peut marquer également les organismes bancaires et les aides financières.

Le Roi de Denier symbolise un protecteur influent sur qui on peut compter.

REINE DE DENIER

Une femme assise tient de sa main droite, haut levée, un denier d'or, symbole du matériel. Sa couronne et son sceptre indiquent à la fois le pouvoir et le commandement.

Cette lame représente une femme intelligente, sérieuse, loyale. Elle indique la consultante elle-même, la conjointe, une mère, une amie. Pas très favorables à la vie affective, les aspects sont malgré tout sincères. Elle apporte d'heureuses solutions dans le domaine matériel. Elle facilite les contacts et relations professionnelles. La Reine de Denier a une influence protectrice et bénéfique.

VALET DE DENIER

Un jeune homme offre de sa main droite haut levée, un denier d'or. Debout, ses pieds en équerre, marquent la stabilité. Son chapeau rappelle le 8 cosmique. Au sol, un denier indique la fécondité du pouvoir matériel.

Cette lame représente un jeune homme sérieux, intelligent et agréable. Elle indique le consultant lui-même, le fiancé, le fils, le frère ou l'ami. Elle est favorable à l'avancement matériel. Elle accorde la chance dans le domaine professionnel. Le Valet de Denier apporte la réflexion et l'application dans les entreprises.

CAVALIER DE DENIER

Un jeune homme, sur un cheval en marche, regarde un denier d'or haut placé. Sur son épaule repose un bâton tenu de la main droite, pour marquer l'action raisonnée.

Cette lame permet les réalisations matérielles et les satisfactions professionnelles. Elle accélère la réalisation des projets et des affaires. Elle accorde une excellente stabilité sur tous les plans. Elle n'est pas défavorable à l'activité, mais la raison domine. Le Cavalier de Denier a une influence protectrice et bénéfique.

ROI DE BÂTON

Un homme richement vêtu porte un chapeau surmonté d'une couronne. Il tient fermement, de sa main droite, un bâton ou un sceptre. Le pouvoir et l'autorité sont marqués par ces positions.

Cette lame représente les décisions, la puissance, le pouvoir dominateur. Elle indique le consultant lui-même, ou un conjoint, un père, un ami. Très favorable aux affaires en général, elle facilite l'avancement. Elle apporte son aide et son appui dans les situations matérielles. Elle marque souvent un patron ou une autorité dominatrice.

Le Roi de Bâton c'est la réussite, l'ambition, l'activité et la puissance.

REINE DE BÂTON

Une femme assise porte la couronne du pouvoir sur de longs cheveux, symbole de force. Elle tient fermement un bâton posé sur son épaule, en signe d'autorité.

Cette lame représente une femme intelligente, active, autoritaire. Elle indique la consultante elle-même, une amie, une patronne. Elle facilite la réalisation des projets matériels et professionnels. Elle permet un aboutissement heureux dans toutes les affaires à régler. Elle impose sa volonté pour triompher des épreuves. La Reine de Bâton symbolise une femme sûre d'elle et indépendante, plus portée sur les affaires que sur les sentiments.

VALET DE BÂTON

Un jeune homme offre de ses deux mains tendues un bâton vert, symbole du commandement. Il est en marche, pour indiquer le mouvement.

Cette lame représente l'activité et l'énergie déployées pour la réalisation des actions. Elle indique le consultant lui-même, un fils, un ami, un frère. Elle accorde l'intellectualité et confirme le succès professionnel. Elle est souvent considérée comme le porteur de nouvelles. Le Valet de Bâton marque autant l'élévation spirituelle et affective que matérielle et financière.

CAVALIER DE BÂTON

Un jeune homme, sur un cheval en marche, présente un bâton de sa main gauche tendue. Son chapeau rappelle l'infini et l'ensemble apporte une activité créatrice.

Cette lame représente les déplacements et une grande animation. Elle annonce des nouvelles ou des démarches. Elle indique des transformations favorables dans l'activité et dans les finances. Le Cavalier de Bâton symbolise la réflexion et l'expérience, le succès dans les entreprises et un bon équilibre.

ROI D'ÉPÉE

Ce personnage tient fermement dans sa main droite une épée, symbole de bravoure et de fatalité. Dans la main gauche, le bâton confirme le pouvoir et le commandement. Pour appuyer ses décisions, le pied droit est placé plus haut que le pied gauche.

Cette lame représente la sévérité, la sécheresse et l'inflexibilité. Elle indique le consultant lui-même, le conjoint, un parent, une relation. Elle marque la froideur et la dureté dans la vie affective. Elle réglemente toutes les affaires de façon stricte et officielle. Elle est liée à toutes les affaires judiciaires ou administratives.

Le Roi d'Épée est le symbole d'une autorité forte et puissante.

REINE D'ÉPÉE

Une femme vêtue de bleu et de rouge porte une couronne d'or, assurant son autorité. Elle est assise et tient dans sa main droite une épée qui lui donne le pouvoir de trancher.

Cette lame représente, comme ci-dessus, la sévérité et la froideur. Elle indique une femme pouvant être la consultante elle-même ou une parente proche, telle une mère, une grand-mère ou une belle-mère. Elle n'est pas très favorable aux relations affectives et trouble la quiétude familiale. Elle provoque des brouilles et des querelles.

VALET D'ÉPÉE

Un jeune homme debout, immobile, les pieds en équerre, vient de sortir de sa main gauche une épée de son fourreau, symbole de la fatalité.

Cette lame indique la méchanceté, la jalousie, la trahison. Elle peut représenter une jeune personne méchante et malhonnête. Elle marque souvent des sentiments très négatifs. Elle contrarie toutes les situations et défavorise les liens affectifs. Le Valet d'Épée symbolise l'abus de confiance et le danger.

CAVALIER D'ÉPÉE

Un jeune homme cuirassé monte un cheval au galop. Il brandit une épée de sa main gauche, symbole de la défense par l'action.

Cette lame indique les actes forts, courageux et téméraires. Elle marque des prises de décisions énergiques. Elle entraîne des démarches et des déplacements peu agréables. Elle permet de se libérer des contraintes et d'éclaircir les situations. Le Cavalier d'Épée, c'est le symbole de la force et de la puissance données pour combattre et vaincre les obstacles.

L'habileté divinatoire se développe par l'exercice. À force de s'attaquer aux énigmes symboliques, l'imagination s'assouplit. Elle finit par acquérir une lucidité interprétative qui initie, d'une manière générale, aux subtilités du symbolisme, en permettant de pénétrer l'ésotérisme des œuvres d'art, des poèmes mythologiques et des religions.

Oswald Wirth

Chapitre 3

Les différentes méthodes de tirage

LA CROIX OU LA QUESTION

Pour ce tirage qui est l'un des plus simples et des plus classiques pour aborder l'interprétation du tarot, on utilise uniquement les arcanes majeurs.
Après avoir battu lentement les 22 lames, on coupe de la main gauche en posant clairement une question. N'oubliez jamais que la manière de formuler la question est *essentielle* pour obtenir du tarot une réponse précise.
Toujours de la main gauche, on sort 4 cartes que l'on dispose de la manière suivante :

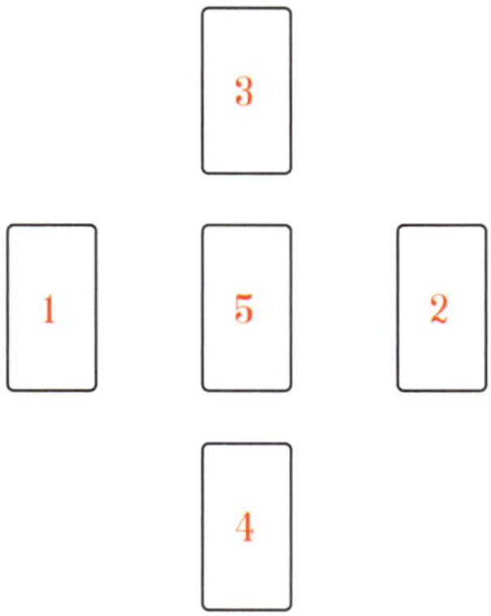

- La lame 1 représente le consultant face à sa question.
- La lame 2 va aider ou contrarier la réponse.
- La lame 3 indique le but, les possibilités, la force majeure.
- La lame 4 donne la réponse.
- La synthèse est obtenue par l'addition de la valeur des quatre lames.

✦ *Vais-je obtenir une situation qui me convienne ?*

Courage et maîtrise personnelle animent le consultant qui apparaît en Force. La Tempérance calme et tempère les énergies et lui donne la sérénité pour faire face à son désir. Le Pape lui apporte non seulement une protection, une chance, mais aussi d'excellents conseils de réalisation. Le Soleil en réponse le garantit d'un éclatant succès, d'une concrétisation heureuse et bénéfique.
Force (11) + Tempérance (14) + Pape (5) + Soleil (19) = 49, 4 + 9 = 13 soit, la Lame de la transformation. La synthèse annonce un renouvellement complet et positif dans le domaine professionnel.

✦ Vais-je obtenir une promotion dans mon entreprise ?

Le consultant apparaît en Lune : sensible, passif, il doit faire face au pouvoir orgueilleux et à la forte domination du Diable. Malgré sa « bonne Étoile » présageant une heureuse influence, l'avancement n'est pas rapide. L'Hermite en réponse freine et retarde malheureusement la promotion souhaitée.

Lune (18) + Diable (15) + Étoile (17) + Hermite (9) = 59, 5 + 9 = 14 soit la Tempérance. La Tempérance en synthèse réclame la patience. L'évolution sera lente mais régulière. Il convient d'attendre sans perdre espoir.

✦ *Vais-je rétablir ma situation financière ?*

Le consultant apparaît en Papesse. Il est sérieux et prévoyant. Toutes les espérances d'harmonie lui sont données avec l'Étoile, de bon présage. Le Chariot lui apporte la force et la maîtrise nécessaires pour passer les difficultés du moment. La Roue de fortune, en apportant des solutions et des opportunités, fait évoluer rapidement la situation financière en rétablissant l'équilibre.

Papesse (2) + Étoile (17) + Chariot (7) + Roue de fortune (10) = 36, 3 + 6 = 9 soit l'Hermite. L'Hermite en synthèse rejoint la prudence et la sagesse de la Papesse. Il est important de signaler, toutefois, qu'un rétablissement intervient par la Roue de fortune en réponse, mais qu'il ne faut pas s'attendre à la fortune avec l'Hermite en synthèse.

LE TIRAGE EN FER À CHEVAL

Plus sophistiqué que la Croix, le tirage en Fer à cheval répond à une question précise en donnant, en plus, des conseils très utiles pour résoudre un problème posé.
Après avoir battu et coupé les 22 arcanes majeurs, on tire 7 cartes de la main gauche que l'on place dans l'ordre suivant :

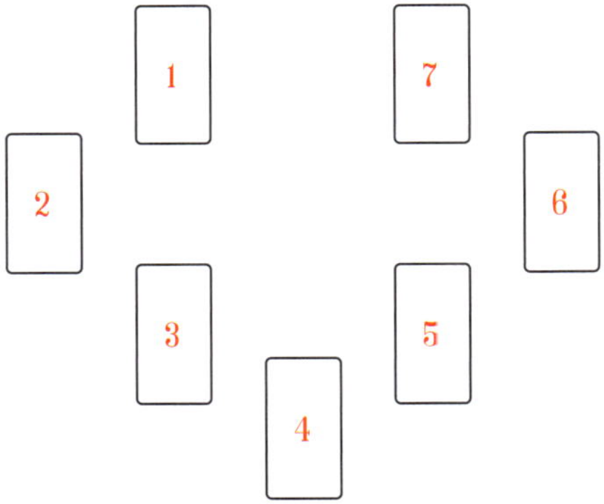

- la lame 1 représente le consultant.
- la lame 2 incarne les forces du présent.
- la lame 3 concerne l'avenir d'une manière générale.
- les lames 4 et 5 donnent les conseils et les avis sur l'attitude à adopter vis-à-vis de l'entourage (par rapport à la question posée, bien entendu).
- la lame 6 vous renseigne sur les obstacles qu'il faudra surmonter ou éviter.
- la lame 7 vous donne la réponse.

Chacune des lames est recouverte (de façon facultative) des arcanes mineurs qui permettront un complément d'information.

✦ *Est-ce que mes relations avec « Untel » vont s'améliorer ?*

Le consultant apparaît en Force, marquant ainsi sa détermination de triompher de la situation actuelle.

L'Hermite lui réclame la patience et la prudence. Il faut, dans l'immédiat, prendre le temps avant d'agir.

L'avenir s'annonce plutôt victorieux, avec le Chariot prêt à vaincre les obstacles.

Les attitudes à avoir vis-à-vis de l'autre devront être empreintes de sérénité, de bienveillance et de bonté. Les influences conjuguées de la Tempérance et du Pape conduisent à l'harmonie et à la conciliation.

La Papesse demande d'effacer les rancunes et de ne pas s'enfermer dans l'incompréhension.

La réponse confirme un changement et un renouvellement favorable et, de toute évidence, assez rapides avec la Roue de fortune.

✦ *Puis-je espérer une réussite dans une carrière artistique ?*

Cet ensemble de lames harmonieuses nous fait constater, sans le moindre doute, que la consultante a bien choisi sa voie.
Elle apparaît en Lune, soit avec toute la sensibilité et l'imagination nécessaires aux artistes.
L'Étoile et l'Impératrice réunies confirment le charme, la douceur, la communication dont la consultante semble savoir faire preuve.
Son avenir dans cette carrière est souligné du Monde et du Soleil, deux marques de succès incontestable et de réussite brillante.
Le Jugement lui accordera des possibilités nouvelles et inattendues.
La Justice lui recommande de ne pas être trop stricte.

✦ Est-ce que la promotion professionnelle attendue verra sa concrétisation ?

Le consultant apparaît en Bateleur. Il est plein de bonne volonté et désire cette promotion. Il faut pourtant qu'il apprenne à patienter. L'évolution ne peut se faire que lentement (Hermite). Le temps travaille pour lui… Le Pape prouve d'ailleurs qu'une protection bienveillante l'entoure. Ses difficultés ? L'agitation du Bateleur et la sensibilité de la Lune. Aussi, le tarot lui conseille vivement de se libérer d'une trop grande imagination (la Lame 13 liée à la Lune), sans pour autant devenir l'Empereur autoritaire et tyrannique.
La réponse le met dans une position d'attente. Le Pendu prouve sans doute qu'il n'est pas encore prêt à assumer cette fonction.

Dans ce cas difficile, des arcanes mineurs viennent recouvrir le jeu. Ils renforcent les éléments donnés ci-dessus. Ainsi, la fougue du Bateleur est freinée avec le Deux de Denier. Le Neuf d'Épée sur l'Hermite marque l'épreuve de l'attente. Le Dix d'Épée sur le Pape donne une puissance permettant de garder confiance. Le Sept de Denier sur la Lame 13 annonce une réussite après une transformation et une libération profonde. La Lune, recouverte du Trois de Coupe, renforce bien l'aspect affectif que le consultant doit dépasser. Le Quatre de Bâton, lié à l'Empereur qui porte également le nombre QUATRE, confirme qu'il ne faut pas tomber dans une matérialité trop importante. Enfin, le Huit de Bâton n'indique pas une satisfaction professionnelle immédiate.
Le consultant ne doit pas se décourager après cette réponse négative. Il doit, bien au contraire, se servir des éléments qui viennent de lui être communiqués pour obtenir un meilleur résultat dans quelques mois.

LE TIRAGE CELTIQUE

Il s'agit là d'une méthode assez simple qui répond toujours clairement à une préoccupation précise. Contrairement à la Roue astrologique dont les tirages doivent être espacés de 8 à 12 mois, le Celtique peut se pratiquer de façon plus rapprochée. Après avoir battu et coupé les 22 arcanes majeurs, le consultant sort dix lames disposées selon le graphique ci-dessous :

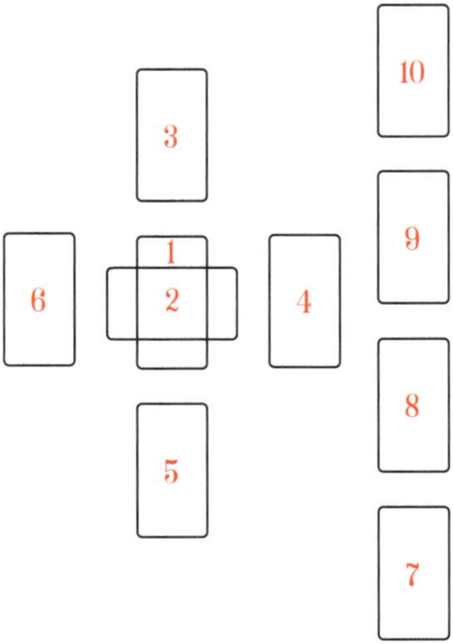

- ✦ la lame 1 marque la position du consultant face à sa question.
- ✦ la lame 2 donne l'influence présente et immédiate.
- ✦ la lame 3 le but souhaité, l'accomplissement possible, les opportunités.
- ✦ la lame 4 les acquisitions du passé (connaissances dont il faut savoir se servir).

✦ la lame 5 confirme une situation présente (peut être associée à l'interprétation de la lame 2).

✦ la lame 6 annonce les influences futures.

✦ la lame 7 représente l'état d'esprit du consultant et peut être reliée dans son interprétation à la lame 1.

✦ la lame 8 révèle les facteurs ambiants ou les influences environnantes.

✦ la lame 9 signale les émotions intérieures ou les craintes, les espoirs, les désirs.

✦ la lame 10 donne une réponse, un résultat final.

Chacune de ces lames sera recouverte, si la nécessité s'en fait sentir, des arcanes mineurs.

✦ *Exemple de tirage*

Sans avoir véritablement posé une question précise, le consultant a tiré ce jeu, préoccupé par sa vie affective.
Les aspects Amoureux et Pendu marquent un état de découragement et une difficulté à prendre des décisions. Malgré un désir d'amélioration de sa vie sentimentale, il pèse le pour et le contre (Justice) avec trop de sérieux (Papesse). Pourtant, avec un peu plus de confiance, le Chariot

pourrait l'entraîner vers un succès (le Monde). Il apparaît en Jugement, ce qui prouve qu'une situation nouvelle va s'offrir à lui. Les influences environnantes lui demandent la libération de son passé (Lame 13), d'autant qu'au plus profond de lui-même l'espoir existe (Étoile). La Maison-Dieu en final annonce un bouleversement dans le domaine affectif. Sans aucun doute, le consultant a quelque chose à comprendre pour aller vers le bonheur attendu.

Les arcanes mineurs nous donnent un complément d'éléments. On remarque dans ce jeu une dominante de dualité avec les « deux ». Deux d'Épée et Deux de Bâton sur l'Amoureux et le Pendu annoncent que le consultant livre un combat intérieur et qu'il est en lutte avec lui-même. Sa timidité (Valet de Coupe) l'empêche de foncer comme le Sept d'Épée et le Cinq de Bâton lui conseillent pourtant de le faire. Il semble rester attaché, dans son passé, à une femme (Reine de Coupe) !
Il est quand même heureux de constater que l'Épée du pouvoir sur la Maison-Dieu lui donnera la possibilité de se libérer, d'avoir toute l'énergie nécessaire pour triompher de ce conflit personnel (Deux de Coupe).

LE TIRAGE EN LIGNE OU EN CARRÉ

Après avoir battu et coupé les 22 arcanes majeurs, le consultant tire 9 lames qui sont disposées comme ci-dessous, en ligne ou en carré :

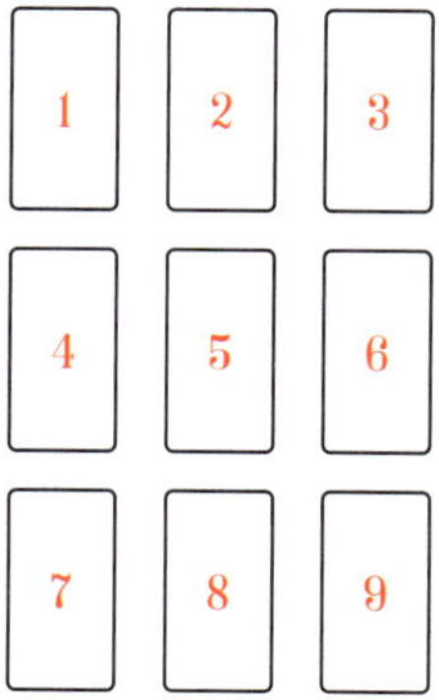

Les trois premières lames représentent les forces du passé, les connaissances acquises ou les obstacles qui ont été surmontés. Les trois suivantes indiquent les influences immédiates, les possibilités offertes, les occasions à saisir. Enfin, les trois dernières concernent l'avenir et donnent la voie à suivre et les solutions.
Après avoir interprété ce tirage, on peut recouvrir chaque lame d'un arcane mineur qui confirmera une situation, éclairera le consultant ou aidera à mieux comprendre le message transmis.

✦ *Exemple de tirage*

Intuition, sociabilité, intelligence… tout un ensemble positif confirmant d'excellentes bases de départ. Le présent paraît s'orienter sur une nouvelle vie, probablement en relation avec une liaison sentimentale très forte (Soleil + Jugement annoncent souvent les coups de foudre). On peut s'interroger sur le futur qui semble pourtant difficile à vivre : la passion ou l'orgueil pourraient en effet transformer le bonheur en rupture…

Les arcanes mineurs annoncent que d'importantes transformations interviendront dans le cadre affectif. Le Deux de Coupe (encadrés du Cinq de Coupe et du Cavalier de Coupe) mettra le consultant devant un choix à faire. La ligne du présent précise une rapidité d'action et de bonheur. Quant au passé, des personnages semblent avoir joué un rôle important et bénéfique dans la vie de ce consultant.

LE TIRAGE DE LA ROUE

La Roue est aussi appelée Grand Jeu Astrologique, puisqu'elle est constituée de 12 arcanes majeurs répartis en cercle (selon l'exemple ci-après). Chacune de ces lames représente un compartiment de la vie du consultant et l'analogie avec les douze maisons astrologiques est confirmée jusque dans la définition de chaque maison. Si de très légères nuances interviennent, ici et là, il faut y voir plus une différence par rapport aux questions posées qu'une différence de fond. En effet, si le thème astrologique natal sert de base à notre évolution, de la naissance jusqu'à la mort, le tarot n'est valable que quelques mois, voire quelques semaines. Ses réponses sont de ce fait, plus matérielles, plus spontanées et le libre arbitre se formule de façon plus restreinte. Le tarot permet donc de répondre rapidement aux préoccupations immédiates ou à court terme des consultants. L'intérêt de ce tirage consiste dans la possibilité de s'informer également des problèmes touchant l'entourage proche du consultant par un système appelé « maisons dérivées ». Avec le même tirage de base, le consultant aura connaissance, selon ses souhaits, de sa situation future personnelle ainsi que de celle de ses parents, ses enfants, ses proches. Les « dérivées » sont un système qui consiste à remplacer la définition d'une maison par le symbolisme de la Maison I et, successivement, les définitions des maisons suivantes par le symbolisme des maisons II, III, IV, etc. (voir pages suivantes). Après avoir interprété ce tirage complet donnant les réponses d'ordre général et concernant toutes les facettes de la vie, 12 lames mineures viennent recouvrir les 12 lames majeures. Ces arcanes permettront un complément d'information, une confirmation de fait, un éclaircissement sur un sujet précis. Sans apporter toutes les solutions, elles procurent toujours d'importants éléments complémentaires aux questions posées.

10

Maison X
La situation sociale
Les ambitions
L'idéal
La mère

11

Maison XI
Les relations
Les appuis
Les projets
Les espérances

9

Maison IX
Les voyages
Les hautes études
L'administration
La vie spirituelle

12

Maison XII
Les épreuves
Les luttes
Les choses secrètes et cachées

8

Maison VIII
Les changements
Les profits
Les transformations profondes
La sexualité

1

Maison I
Le consultant
Son état d'esprit
Ses possibilités
Ses intentions

7

Maison VII
La vie extérieure au consultant
Les associations
Le mariage
Le conjoint

2

Maison II
Les acquisitions
La situation financière

6

Maison VI
Le travail
La santé

3

Maison III
L'entourage proche
Les familiers
Les nouvelles
Les petits déplacements
Les frères et sœurs

5

Maison V
La vie sentimentale
Les créations et les œuvres
Les enfants

4

Maison IV
Le foyer
Le patrimoine
La famille
Le père

✦ *Exemple de tirage*

La compréhension d'un grand jeu astrologique n'est pas chose aisée pour un débutant. Afin de bien comprendre le système, il convient de procéder lentement et progressivement dans l'interprétation.

Dans un premier temps, essayez de mettre le mot-clé qui convient le mieux à chacune des lames en fonction de leur emplacement ou « maison » :

✦ Lune	*Sensibilité*
✦ Chariot	*Succès*
✦ Jugement	*Renouveau*
✦ Roue de Fortune	*Mouvement*
✦ Soleil	*Bonheur*
✦ Mat	*Flottement*
✦ Hermite	*Solitude*
✦ Force	*Magnétisme*
✦ Étoile	*Harmonie*
✦ Lame 13	*Transformation*
✦ Impératrice	*Communication*
✦ Pendu	*Épreuves*

Analysez ensuite les aspects planétaires et notez, toujours par des mots-clés, l'impact qu'ils peuvent avoir en fonction des « Maisons ». On remarque dans l'exemple donné beaucoup d'influences actives avec Mercure et Uranus, (Jugement, Roue de fortune, Mat, Impératrice) ainsi que de puissantes perspectives de Mars et Jupiter (Chariot, Force).

Enfin, traitez chaque thème de la vie du consultant, un par un :

I — Le consultant lui-même et sa vie extérieure

Maison 1 + Maison 7 : Lune + Hermite : sensibilité, passivité + isolement et solitude = tristesse.

II — L'activité professionnelle

Maison 6 + Maison 10 : Mat + Lame 13 : le flottement et l'instabilité conduisent à une transformation.

III — Matériel

Maison 2 + Maison 8 : Chariot + Force : le succès et la sécurité matérielle sont assurés.

IV — Les amours

Maison 3 + Maison 5 (si le consultant n'est pas marié) : Soleil + Étoile : évolution très heureuse d'une relation existante ou à venir.
Maison 4 + Maison 5 (si le consultant est marié) : Roue de Fortune + Soleil : échanges chaleureux et passionnés.

V — Santé

Maison 6 + Maison 12 : Mat + Pendu : la dépression est évidente (d'autant que la consultante apparaît en Lune).

Cette première analyse faite, entrez plus en détail par le système de dérivées. Sachant que la Maison 6 (Mat) et la Maison 10 (Lame 13) marquent les influences professionnelles, on recherche la Maison 6 et la

Maison 10 de la 6. C'est-à-dire que partant du Mat, on compte jusqu'à la 6, soit l'Impératrice puis la 10 soit le Jugement.
Impératrice + Jugement : une activité nouvelle est imminente et bénéfique.
La maison 5 (du Soleil) voit l'étoile vénusienne ou de l'amour…
Ainsi, par ce processus, vous pourrez répondre à toutes les questions et préoccupations des personnes qui hésiteront dans leurs décisions.

✦ *Exemple de tirage d'un homme d'affaires*

Cet homme d'affaires apparaît en Soleil. Brillant, il va vers une ouverture permanente de communication et de mouvement (Impératrice) le conduisant au succès social (Monde), et l'ensemble lui accorde des revenus intéressants (Roue de Fortune).

Il est important de relier les Maisons 6-10-2 pour analyser une activité professionnelle. Ce « triangle » est, ici, bien aspecté.
Sa vie familiale semble plus difficile. Le Mat en Maison 4 annonce en effet une fuite devant les responsabilités du foyer. Il a d'ailleurs, semble-t-il, déjà renoncé à son épouse qui apparaît en Pendu. Sa vie affective va pourtant connaître un renouveau, avec le Bateleur en Maison 3. La Force (en Maison 5) liée au Diable (Maison 8 sexualité) donne l'aspect d'une relation forte et passionnelle.
Remarquons enfin que la Tempérance en Maison 9 confirme des déplacements, et que la lame 13 en Maison 11 incite à une rupture amicale. Enfin, l'Amoureux dans la maison des épreuves Maison 12 va le mettre dans une position difficile par rapport à un choix.
Observons, maintenant, par le système « dérivé », le jeu de l'épouse de ce consultant. Son état de Pendu la met vraisemblablement devant une épreuve affective puisque sa Maison 5 est marquée par la Lame 13, soit une rupture dans sa vie sentimentale. Son conjoint reste pourtant un Soleil à ses yeux. Cette nouvelle situation familiale va fortement éprouver la jeune femme dont les aspects du Mat en Maison 10 et de l'Impératrice en Maison 12 accentuent le flottement, la perturbation et la fatigue nerveuse.
Signalons, toutefois, qu'elle n'aura aucun problème d'ordre matériel par le Diable en Maison 2 et la Roue de Fortune en Maison 8 (les capitaux) et qu'elle pourra compter sur les amis, les appuis, les relations : Tempérance en Maison 3 et Force en Maison 11.

CONCLUSION

Cet ouvrage a été conçu dans le but d'apporter une aide efficace à tous, initiés ou non. Son contenu a été volontairement adapté pour faciliter la lecture des arcanes qui, généralement, sont entourés d'un voile obscur. Le lecteur peut ainsi trouver la réponse à toutes les questions qu'il se pose, aussi bien dans le domaine des symboles que dans celui de la manipulation des lames et de leur signification selon leur emplacement.

Ce livre peut servir de manuel pour approfondir ses connaissances mais il peut être aussi une base de référence pour toute personne voulant apporter son aide et son savoir aux autres lors de consultations. C'est un véritable guide pour partir à la conquête du Tarot. Ce document pratique a pour objectif de mettre à la portée de tous l'interprétation cachée dans les lames majeures et mineures. Par son aide, le lecteur, réussira à pénétrer les mystères dissimulés dans le Tarot. Le temps, la patience, la pratique, tout autant que l'amour, la foi, la sincérité permettent d'aboutir au résultat désiré.

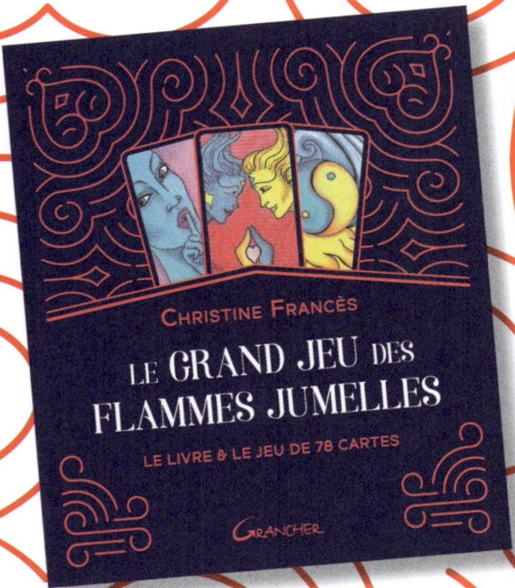
Christine Francès
Le Grand Jeu des Flammes Jumelles
Le livre & le jeu de 78 cartes
Grancher

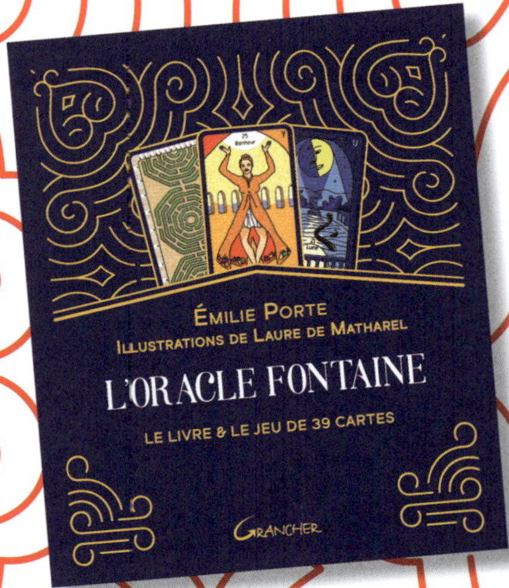
Émilie Porte
Illustrations de Laure de Matharel
L'Oracle Fontaine
Le livre & le jeu de 39 cartes
Grancher

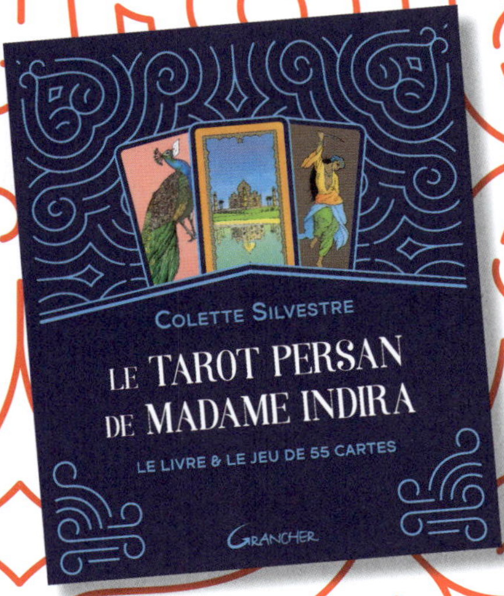
Colette Silvestre
Le Tarot persan de Madame Indira
Le livre & le jeu de 55 cartes
Grancher

Esméralda Bernard
Illustrations de Julian Van Bur
Le Jeu de votre destin
Le livre & le jeu de 54 cartes
Grancher

Colette Silvestre
L'Oracle Belline
Le livre & le jeu officiel de 53 cartes
Grancher

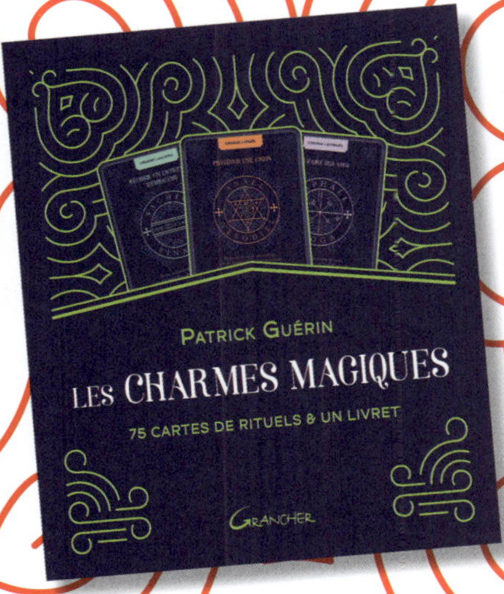
Patrick Guérin
Les Charmes magiques
75 cartes de rituels & un livret
Grancher

Imprimé en Chine par
Toppan Leefung Printing Limited
en 2021

© GRIMAUD 1980
VI
VI

© GRIMAUD 1980
V
V

XVII
L'ÉTOILE
© GRIMAUD 1980

XIII
© GRIMAUD 1980

XII
© GRIMAUD 1980
LE · PENDU

IIII
© GRIMAUD 1980
L'EMPEREUR

© GRIMAUD 1980
X
X

© GRIMAUD 1980

© GRIMAUD 1980
II
II

XX
© GRIMAUD 1980
LE · JUGEMENT

© GRIMAUD 1980
VALET · D'EPÉE

© GRIMAUD 1980
II
II

ROY · D'ÉPÉE

ROY · DE · BÂTON

REYNE · DE · DENIERS

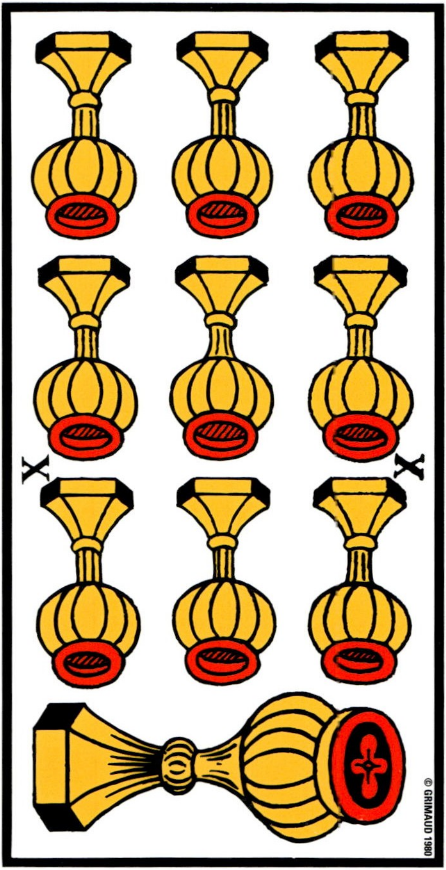
X
X
© GRIMAUD 1980

© GRIMAUD 1980

X
© GRIMAUD 1980
LA·ROUE·DE·FORTUNE

© GRIMAUD 1980
B.P. GRIMAUD
1930
1748

VIIII
© GRIMAUD 1980
L'HERMITE

© GRIMAUD 1980

VIII
© GRIMAUD 1980
LA · JUSTICE

© GRIMAUD 1980
VIIII
VIIII

V
© GRIMAUD 1980
LE · PAPE

VI
© GRIMAUD 1980
L'AMOVREVX

© GRIMAUD 1980

© GRIMAUD 1980

© GRIMAUD 1980

© GRIMAUD 1980

© GRIMAUD 1980
REYNE · DE · COUPE

© GRIMAUD 1980
VALET · DE · BÂTON

© GRIMAUD 1980
VALET·DE·COUPE

© GRIMAUD 1980
VALET · DE · DENIERS

© GRIMAUD 1980
VALET · DE · DENIERS

© GRIMAUD 1980
REYNE·DE·BATON

REYNE ·D'ÉPÉE

© GRIMAUD 1980
REYNE·DE·BATON

REYNE ·D'ÉPÉE

© GRIMAUD 1980
V
V

© GRIMAUD 1980

© GRIMAUD 1980
II
II

LE · MAT

I
© GRIMAUD 1980
LE · BATELEUR

© GRIMAUD 1980
VII
VII

© GRIMAUD 1980
VIIII

© GRIMAUD 1980
VIIII
VIIII

XXI
© GRIMAUD 1980
LE · MONDE

XVI
© GRIMAUD 1980
LA·MAISON·DIEV

XI
© GRIMAUD 1980
LA FORCE

ROY · DE · COUPE

VI
VI
© GRIMAUD 1980

CAVALIER · D'ÉPÉE

CAVALIER·DE·COUPE

CAVALIER·DE·DENIERS

ROY · DE · DENIERS

© GRIMAUD 1980
CAVALIER·DE·BATON

© GRIMAUD 1980

VII
VII
© GRIMAUD 1980

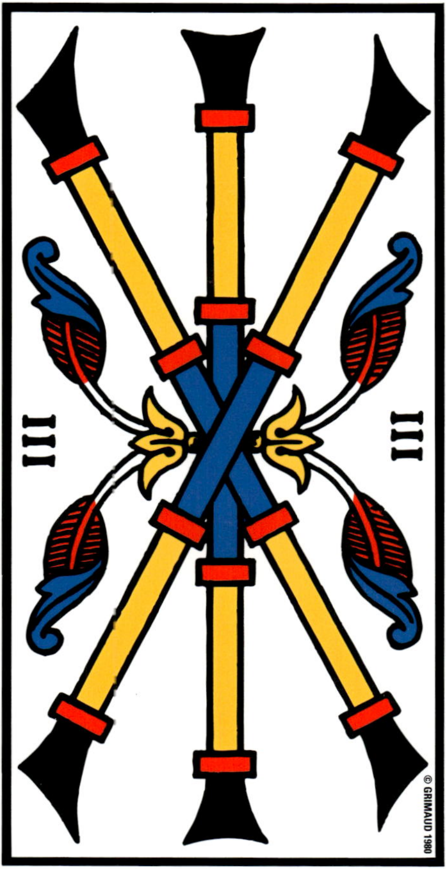
III
III
© GRIMAUD 1980

IIII
IIII
© GRIMAUD 1980

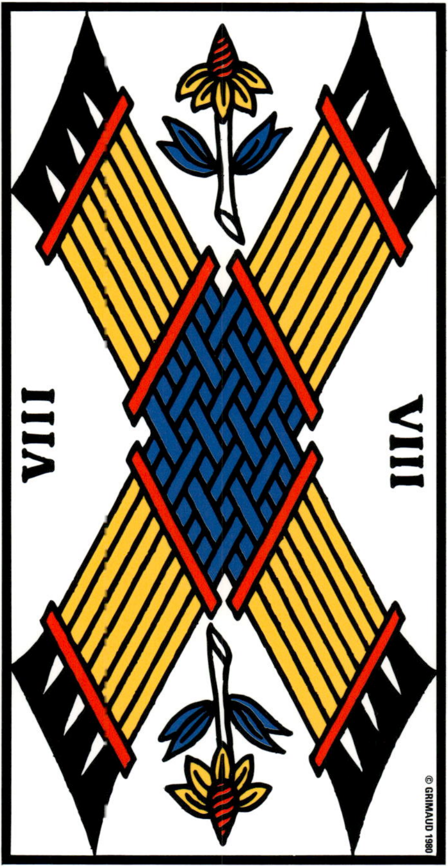
VIII
VIII
© GRIMAUD 1980

VII
S.M
LE CHARIOT
© GRIMAUD 1980

© GRIMAUD 1980
V
V

II
© GRIMAUD 1980
LA · PAPESSE

III
© GRIMAUD 1980
L'IMPÉRATRICE

VI
VI
© GRIMAUD 1980

VII
VII
© GRIMAUD 1980

VIIII
VIIII
© GRIMAUD 1980

VIIII
VIIII
© GRIMAUD 1980

X
X
© GRIMAUD 1980

© GRIMAUD 1980

XV
© GRIMAUD 1980
LE · DIABLE

XVIIII
© GRIMAUD 1980
LE · SOLEIL

© GRIMAUD 1980
III
III

© GRIMAUD 1980
IIIII
IIIII

© GRIMAUD 1980
III
III

© GRIMAUD 1980
IIII
IIII

© GRIMAUD 1980

© GRIMAUD 1980

XVIII
© GRIMAUD 1980
LA·LUNE

QUELQUES ETAPES DE L'HISTOIRE DE L'ANCIEN TAROT DE MARSEILLE

- Les premières cartes connues du Tarot datent de 1450.
- Jusqu'au XVIIe siècle (1680) iconographie chrétienne.
- A partir du XVIIe siècle, l'iconographie a été influencée par l'astrologie et l'alchimie.
- En 1760 se fixe un portrait de Tarot propre à la ville de Marseille que l'on retrouve jusqu'à maintenant et dont GRIMAUD a maintenu la tradition.
- En 1930, Paul MARTEAU, de la famille GRIMAUD, fixe les couleurs telles qu'elles se sont perpétuées jusqu'à maintenant.

•

La Cartomancie

GRIMAUD

Vous offre une collection complète unique au monde

- •• Ancien Tarot de Marseille
- •• Mini Tarot de Marseille
- • Petit Cartomancien
- •• Petit Lenormand
- •• Grand Lenormand
- •• Grand Etteilla
- •• Petit Etteilla
- •• Jeu de la main
- •• Livre du Destin
- •• Sybille des Salons
- •• Tarot d'Épinal
- • Cartomantic
- •• Géomantic
- • Grand Tarot Belline
- •• Oracle Belline
- •• Horoscope Belline
- • Yi-King
- •• Tarot Persan
- •• Tarot Maçonnique
- • Tarot Oreste Zevola
- •• L'Oracle de l'Atlantide
- •• Oracle Dessuart
- •• Oracle Gé
- •• L'Oracle de la Triade
- • L'œil de Myrddin
- •• Tarot Incou
- •• Tarot des fleurs
- •• Chiromancien
- • Tarot Arista

etc.

Chacun de ces jeux est accompagné d'une brochure explicative.

Les jeux précédés du signe •• ont une brochure bilingue français/anglais.
(•• with instruction book in English + French)
